Grundschulwissen

# Technik und Umwelt

Duden

# Grundschulwissen Technik und Umwelt

**Dudenverlag**
Mannheim · Zürich

Bibliografische Information der Deutschen Nationalbibliothek
Die Deutsche Nationalbibliothek verzeichnet diese Publikation in der Deutschen Nationalbibliografie; detaillierte bibliografische Daten sind im Internet über http://dnb.d-nb.de abrufbar.


Bibliographisches Institut GmbH
Dudenstraße 6, 68167 Mannheim

**Redaktionelle Leitung** Annette Güthner
**Texte** Alke Kissel (alle Kapitel bis auf „In der Stadt"; Vorwort und Tipps), Petra Ignatzy (Kapitel „In der Stadt"; Anhang) und Ulrike Holzwarth-Raether (Vorwort und Tipps)
**Text- und Bildredaktion** Karin Bischoff
**Pädagogische und fachdidaktische Beratung** Ulrike Holzwarth-Raether

**Herstellung** Claudia Rönsch
**Layout** Horst Bachmann
**Illustrationen „Charakter"** Barbara Scholz
**Illustrationen „Technik und Umwelt"** Niklas Böwer und Oliver Kockmann
**Umschlaggestaltung** Mischa Acker
**Umschlagfotos** © Ahileos – Fotolia.com: Radlader; DB AG/ Jürgen Hörstel: Güterzug; MEV Verlag, Augsburg: Energiesparlampe; shutterstock.com/Rido: Handy; shutterstock.com/Pablo Scapinachis: Flugzeug; ZF Friedrichshafen: Zeppelin;
**Satz** Sigrid Hecker, Mannheim
**Druck und Bindung** Stürtz GmbH
Alfred-Nobel-Straße 33, 97080 Würzburg

Printed in Germany
ISBN 978-3-411-81030-7

# Hallo, Technik-Expertin!
# Hallo, Technik-Experte!

Warum dreht sich der Betonmischer ständig? Wie kommt die Kälte in den Kühlschrank? Wieso stoßen Flugzeuge in der Luft nicht zusammen?

Wo du auch hinschaust, Technik bestimmt unseren Alltag, und das schon seit Millionen von Jahren! Denn seit jeher haben sich Menschen technische Geräte und Methoden ausgedacht, um sich zu ernähren, sich zu wärmen oder gegen Hitze zu schützen, um sich zu verteidigen, um zu bauen oder um sich die Arbeit leichter zu machen, kurz: um zu überleben!

Diese Kenntnisse und Erfahrungen haben die Menschen immer weitergegeben – von einer Generation zur nächsten. Im Laufe der Zeit haben sie ihr Wissen ständig erweitert und an ihre Bedürfnisse und die jeweilige Situation angepasst. So wurden einfache Ideen zu hochmodernen technischen Maschinen und Geräten. Wenn du die technischen Errungenschaften nicht nur bedienen, sondern auch verstehen willst, wie sie funktionieren, lohnt sich der Blick in „Grundschulwissen Technik und Umwelt".

Dieses Technikbuch steckt voller spannender Informationen über die Techniken, die dich im Alltag umgeben: In den Kapiteln **Haus**, **Computer**, **Stadt**, **Baustelle**, **Unterwegs**, **Bauernhof**, **Flughafen** und **Energie** – überall erhältst du interessante Antworten auf deine Fragen. Viele Fotos und Zeichnungen helfen dir dabei, kompliziertere Vorgänge besser zu verstehen.

In den **Schon gewusst?**-Kästen findest du zusätzliche Informationen und spannende Einzelheiten, über die auch Erwachsene staunen. Dieses Technikbuch ist aber auch ein Buch zum Mitmachen. Lass dich von den **Deine Forscheraufgabe**-Kästen zum Experimentieren und Ausprobieren auffordern.

Im Anhang werden die wichtigsten Fachbegriffe, die in den verschiedenen Kapiteln vorkommen, einfach und verständlich erklärt. Wenn du in einem Text also einen kleinen, orangefarbenen Verweispfeil entdeckst, weißt du, dass es zu dem Wort hinter dem Pfeil eine genaue Erklärung im Anhang gibt.

Wir wünschen dir viel Freude beim Entdecken der Wunderwelt Technik!

Die Kinder- und Jugendbuchredaktion
des Dudenverlags

# Inhalt

# Zu Hause

Zu Hause erleichtern uns zahlreiche kleine und große Geräte den Alltag: Aus dem Backofen in der Küche strömt ein köstlicher Duft. Das Kochfeld des Herdes erhitzt einen Topf mit leckerem Kakao. Im Wohnzimmer ist für Unterhaltung gesorgt: Der DVD-Player spielt den auf der DVD gespeicherten Film ab. Dank Waschmaschine ist schmutzige Wäsche schnell wieder sauber. Ein warmer, kräftiger Luftstrom im Inneren des Wäschetrockners sorgt dafür, dass die nasse Wäsche dann im Nu wieder trocken wird. Vor gar nicht langer Zeit war Wäschewaschen noch eine große Aufgabe: Am Waschtag kochten die Frauen die schmutzige Wäsche in einem Kessel. Immer wieder wurde umgerührt. Danach haben sie jedes einzelne Kleidungsstück von Hand auf einem Waschbrett mit Seife und einer Bürste bearbeitet, um Schmutzflecken zu entfernen. Anschließend wurde die Wäsche ausgespült und ausgewrungen. Dann hieß es abwarten, bis die Sonne die nasse Wäsche getrocknet hatte.

# In der Küche

Ist der **Herd** eingeschaltet, sind die Heizdrähte unter dem Kochfeld gut zu erkennen.

## Herd

Moderne Herde sind meist mit einem Glaskeramik-Kochfeld ausgestattet. Auf dessen Oberfläche aus stabilem Glas sind die einzelnen Formen der Kochplatten zu sehen. Unter der Glasplatte verlaufen Heizdrähte. Durch sie fließt → elektrischer Strom, sobald der Herd eingeschaltet wird. Sie geben ihre Hitze an die Kochplatte ab. Steht ein Topf auf der Platte, wird das Essen darin warm. Einige Herde funktionieren mit → Gas statt mit Strom. Wird der Gasherd eingeschaltet, kann die Platte mit einem Zündfunken angezündet werden. Das Gas wird nun verbrannt. Dabei entsteht Hitze, mit der es sich prima kochen lässt.

## Backofen

Oft befindet sich der Backofen direkt unter dem Kochfeld des Herdes. In manchen Küchen ist er jedoch etwas höher in einem Extraschrank untergebracht: Das ist praktisch, denn so muss man sich nicht bücken, um Brot, Kuchen und andere fertig gebackene Leckereien herauszuholen. Im Boden und in der Decke des Backofens verlaufen dicke Heizstäbe. Wird der Backofen angeschaltet, fließt → elektrischer Strom durch sie hindurch. Dabei werden die Heizstäbe sehr heiß. Diese Hitze geben sie an die Luft im Inneren des Backofens ab – und so auch an das Essen. Wird die Umluft eingeschaltet, dreht sich zusätzlich ein → Ventilator in der hinteren Wand des Ofens. Der Ventilator verteilt die heiße Luft gleichmäßig im Innenraum des Ofens. So können gleichzeitig mehrere Dinge auf einmal gebacken werden.

Über einen Drehknopf kann die passende Temperatur im **Backofen** eingestellt werden. Mit einem zweiten Drehknopf wird die Umluft zugeschaltet.

Über einen Schalter lassen sich verschiedene Geschwindigkeitsstufen auswählen: So drehen sich die Quirle des **Mixers** mal schneller und mal langsamer.

## Mixer

Mit einem Mixer lassen sich schnell die verschiedensten Zutaten verrühren. Der Handmixer ist dafür an seiner Vorderseite mit zwei Quirlen ausgestattet. Wird der Handmixer eingeschaltet, dreht sich ein kleiner Elektromotor (→Motor) im Gehäuse des Mixers.
Ein Zahnradgetriebe (→Getriebe) gibt diese Drehbewegung an die Quirle weiter: Sie beginnen sich zu drehen.

### Schon gewusst?

Haushaltsgeräte funktionieren meist mit elektrischem Strom. Über Leitungen gelangt er vom Kraftwerk bis in die Steckdosen bei uns zu Hause. Die meisten Geräte sind mit einem Kabel und einem Stecker daran ausgestattet. Die beiden Stifte des Steckers passen genau in die Löcher der Steckdose. Wird der Schalter am Gerät umgelegt, fließt der Strom von der Steckdose über das Kabel bis in das Gerät.

## Mikrowelle

In der Mikrowelle wird Essen blitzschnell warm. Anders als im Backofen geschieht das aber nicht mit heißer Luft, sondern mithilfe von unsichtbaren Strahlen, den →Mikrowellen. Mikrowellen enthalten ganz viel Energie. Treffen sie auf Wasserteilchen, so geben sie einen Teil ihrer →Energie an die Wasserteilchen ab. Durch diese Energiezufuhr werden die Wasserteilchen heiß. Weil in fast jedem Lebensmittel Wasser enthalten ist, eignet sich der Mikrowellenherd deshalb prima zum Erhitzen. Erzeugt werden die Wellen in einem speziellen Bauteil der Mikrowelle, dem Magnetron. Der Wellenrührer verteilt die Mikrowellen dann gleichmäßig im Innenraum. Der ist mit Metall ausgekleidet. Metall wirkt auf die Mikrowellen wie eine Sperre. Deshalb werden die Wellen von den Wänden immer wieder zurückgeworfen und erreichen so jede Ecke der Mikrowelle. Die Speisen werden auf eine drehbare Platte in der Mitte der Mikrowelle gestellt. So wird das Essen gleichmäßig heiß.

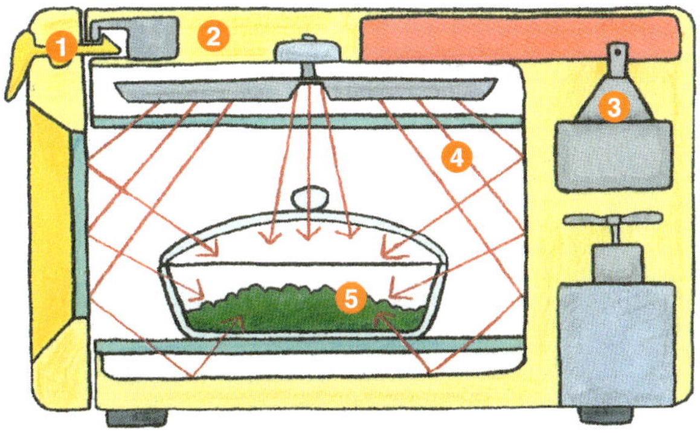


Mikrowelle: 1 Tür, 2 Wellenrührer, 3 Magnetron, 4 Mikrowellen, 5 Drehteller

# In der Küche

## Kühlschrank

Im Kühlschrank bleiben viele Lebensmittel länger frisch. Damit es im Kühlschrank kalt wird, leitet er die Wärme nach außen. Dafür sorgt eine spezielle Flüssigkeit, das Kältemittel. Es fließt durch ein Rohr, das in Schlangenlinien in den Wänden des Kühlschranks verläuft.
Das Kältemittel verdampft (→Dampf) schon bei Zimmertemperatur. Dabei nimmt es die Wärme aus dem Kühlschrank auf. Der Kältemittel-Dampf strömt durch das Schlangenlinien-Rohr bis zum →Kompressor. Der sitzt an der Rückseite des Kühlschranks. Wird es im Kühlschrank zu warm, springt der Kompressor an. Ein leises Surren ist zu hören. Nun wird die Wärme nach außen geleitet. Der Kompressor drückt den Kältemitteldampf ganz fest zusammen, bis er wieder flüssig wird. Dabei gibt das Kältemittel die aufgenommene Wärme wieder ab. Sie strömt meist hinter dem Kühlschrank nach oben. Das nun wieder flüssige Kältemittel fließt durch das Schlangenlinien-Rohr: Der Kreislauf beginnt von vorne.

seitlich: Rückseite:

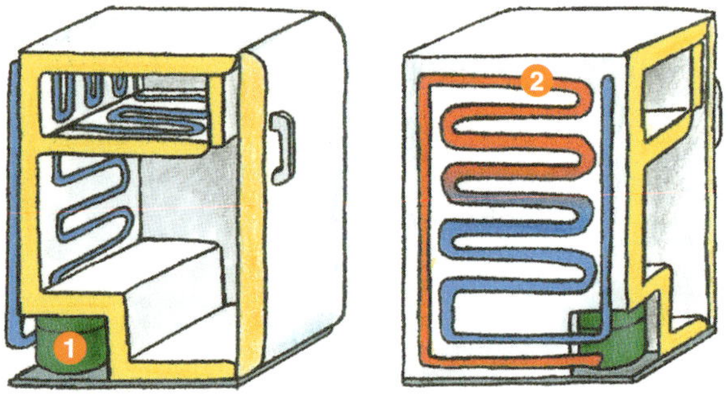


Kühlschrank: 1 Kompressor, 2 Rohr mit Kältemittel

Das Reinigungsmittel wird in die kleine Klappe an der Tür der **Spülmaschine** eingefüllt. Während des Spülens öffnet sich die Klappe. Das Pulver löst sich im Wasser auf.

## Geschirrspülmaschine

In den beiden ausziehbaren Körben der Geschirrspülmaschine ist viel Platz für benutztes Geschirr. Die →Maschine ist über einen Schlauch mit einem Wasserhahn verbunden. Nach dem Einschalten läuft kaltes Wasser in die Maschine. Ein Heizelement im Boden erhitzt das Wasser. Dann drückt es eine →Pumpe bis in die beiden Sprüharme unter den Körben. Die Sprüharme haben jede Menge Löcher, durch die das Wasser auf das schmutzige Geschirr spritzt. Das Wasser tropft nach unten und sammelt sich am Boden der Maschine. Die heruntergespülten Essensreste lösen sich auf oder bleiben in einem Sieb hängen. Immer wieder drückt die Pumpe das Wasser in die Sprüharme, bis es schließlich im Abfluss verschwindet. Zum Schluss trocknet ein heißer Luftstrom das Geschirr.

## Wasserkocher

Im Wasserkocher kann blitzschnell Wasser erhitzt werden. Möglich machen das Heizspiralen in seinem Boden. Wird der Kocher eingeschaltet, fließt Strom (→elektr. Strom) durch die →Heizspiralen: So werden diese sehr heiß – und mit ihnen das Wasser im Kocher. Die meisten Wasserkocher haben eine Abschaltautomatik. Die Abschaltautomatik funktioniert mithilfe eines Bimetalls. Viele Wasserkocher stehen auf einem flachen Sockel. Dieser Sockel ist über ein Kabel mit der Steckdose verbunden. Durch einen Kontakt im Boden fließt Strom bis in den Wasserkocher.

Bei vielen Wasserkochern leuchtet ein kleines Lämpchen, wenn dieser eingeschaltet ist.

## Toaster

Über einen Hebel an der Seite lassen sich die Brotscheiben in das Innere des Toasters schieben. →Heizspiralen in den Wänden und in der Mitte des Toasters sorgen dafür, dass die Toastbrote knusprig braun werden.

Ein →Widerstand im Toaster sorgt dafür, dass aus Strom Wärme entsteht.

## Schon gewusst?

Ein Bimetall kann ein Gerät ausschalten, wenn es eine bestimmte Temperatur erreicht hat. Ein Bimetall besteht aus zwei Schichten verschiedener Metalle. Werden sie erwärmt, dehnen sie sich aus – jedoch unterschiedlich stark. Da sie fest miteinander verbunden sind, verbiegt sich das Bimetall. Bei einer bestimmten Temperatur löst es sich vom Kontakt. Nun kann hier kein Strom mehr fließen, das Gerät geht aus.

# Im Wohnzimmer

Moderne **Fernseher** können hochauflösendes Fernsehen – kurz HDTV – darstellen. Das Bild ist besonders scharf.

## Fernseher

Eine Filmaufnahme besteht aus vielen, vielen einzelnen digitalen Bildern (→digital). Im Fernsehsender wird die Aufnahme nachbearbeitet und zum Beispiel mit Musik unterlegt. Dann wird die Aufnahme in elektrische →Signale umgewandelt. Die Signale gelangen über →Satelliten, →Antenne, →Kabel oder das Internet bis zu unserem Fernseher nach Hause. Der Fernseher wandelt die Signale zurück in die einzelnen Bilder. Er zeigt diese Bilder ganz schnell hintereinander, oft 30 oder mehr Einzelbilder pro Sekunde.
Weil das so schnell geht, nehmen unsere Augen statt einzelner Bilder Bewegungen wahr. Wir sehen einen Film – ganz ähnlich wie bei einem Daumenkino. Für ein besonders großes Bild sorgt ein Beamer. Wie im Kino wirft er das Bild mit einer starken Lampe an eine Wand.

### Schon gewusst?

Ein digitales Bild besteht aus vielen kleinen viereckigen Punkten, den sogenannten Pixeln. Jedes Pixel ist für eine bestimmte Stelle im Bild zuständig. Es speichert die dort vorhandene Helligkeit und Farbe. Diese Informationen werden in einer Datei gesammelt.

## DVD-Player

Eine DVD sieht wie eine CD aus, kann aber viel mehr speichern. Wird die DVD in den Player eingelegt, beginnt sie sich schnell zu drehen. Gleichzeitig lenkt ein kleiner Spiegel einen starken, feinen Lichtstrahl, einen Laser (→Laserstrahl), auf die DVD. Der Laser tastet die untere Seite der DVD ab und liest die dort eingebrannten Informationen. Der DVD-Player sendet diese Informationen über ein →Kabel an den angeschlossenen Fernseher. Nun kannst du den auf der DVD gespeicherten Film auf dem Fernseher anschauen.

Der Begriff „Player" kommt aus dem Englischen und heißt „Spieler": Der **DVD-Player** spielt den auf der DVD gespeicherten Film ab.

## Digitalkamera

Egal, ob es um deine Geburtstagsparty oder den letzten Familienausflug geht: Schöne Momente kannst du mit einer Digitalkamera (→digital) festhalten und auf Fotos immer wieder betrachten. Dafür fängt die Digitalkamera Licht ein. Jeder Gegenstand wirft einen Teil des →Lichts, das auf ihn fällt, zurück.
Durch eine Glaslinse, das sogenannte →Objektiv, fällt das reflektierte Licht in das Innere der Kamera. Hier trifft es auf eine lichtempfindliche Oberfläche. Das ist ein elektronisches Bauteil, ein sogenannter Lichtsensor (→Sensor). Er wandelt das einfallende Licht in ein digitales Bild um. Dieses Bild lässt sich abspeichern und dann zum Beispiel am →Computer betrachten oder als Foto ausdrucken.
Video- oder Fernsehkameras funktionieren nach dem gleichen Grundprinzip. Sie nehmen aber nicht nur eins, sondern ganz viele Bilder hintereinander auf.

Auf dem Display der **Digitalkamera** können die Fotos gleich betrachtet werden.

## Klavier

Mit den schmalen schwarzen und breiten weißen Tasten des Klaviers lässt sich wunderschön Musik machen. Ein Blick ins Innere des Klaviers zeigt, wie die verschiedenen Töne entstehen. Zu jeder Taste gibt es eine oder mehrere Saiten. Das sind Drähte aus Stahl, die unter Spannung stehen. Wird eine Taste gedrückt, sorgen verschiedene →Hebel und Gelenke dafür, dass ein kleines Hämmerchen mit einem Kopf aus Filz gegen die Saite geschlagen wird. Die Saite schwingt hin und her und erzeugt so →Schallwellen in der Luft. Wenn diese Wellen unsere Ohren erreichen, hören wir einen Ton.
Die Saiten eines Klaviers sind unterschiedlich lang und dick. So entstehen auch unterschiedliche Töne: Von links nach rechts werden die Töne immer höher.
Ein Klavier hat zwei oder drei Pedale. Die Pedale haben verschiedene Aufgaben. Werden sie getreten, können sie zum Beispiel einen Ton kräftiger oder auch leiser klingen lassen.

# Im Badezimmer

## Elektrische Zahnbürste

Mit einer elektrischen Zahnbürste werden die Zähne besonders gründlich geputzt. Der Bürstenkopf an der Vorderseite bewegt sich auf Knopfdruck ganz schnell hin und her. Bei vielen Zahnbürsten kannst du zwischen mehreren Reinigungsstufen wählen. Für die Bewegung des Bürstenkopfes sorgt ein kleiner Elektromotor (→Motor). Er versteckt sich in dem dicken Griff der Zahnbürste. Um den Elektromotor mit →elektrischem Strom zu versorgen, müssen einige Zahnbürsten regelmäßig mit neuen →Batterien ausgestattet werden. Bei anderen ist in den Griff der Zahnbürste ein Akku eingebaut. Der Akku kann eine gewisse Menge Strom speichern. Ist er leer, lädst du ihn über eine Ladestation wieder auf.

Der Bürstenkopf der **elektrischen Zahnbürste** sollte nach ein paar Wochen ausgetauscht werden.

### Schon gewusst?

Ein →Gebläse ist ein richtiger →Propeller. Er hat mehrere gebogene Flügel. Wenn sich das Gebläse dreht, saugen die Flügel die →Luft auf der einen Seite an und drücken sie zur anderen Seite weg: Es entsteht ein kräftiger Luftstrom.

Über einen Schalter am Griff des **Föhns** kannst du einstellen, wie stark der Luftstrom sein soll.

## Föhn

Aus der Öffnung an der Vorderseite des Föhns strömt warme →Luft, die nasse Haare schnell trocknet. Denn in warmer Luft verdunstet Feuchtigkeit viel rascher als in kalter. Der Luftstrom wird von einem kleinen →Gebläse erzeugt, das im Gehäuse des Föhns sitzt. Weil die Luft durch →Heizspiralen strömt, wird sie schön warm. Ein kleiner Elektromotor (→Motor) treibt das Gebläse an. Er ist ebenfalls im Gehäuse des Föhns untergebracht.

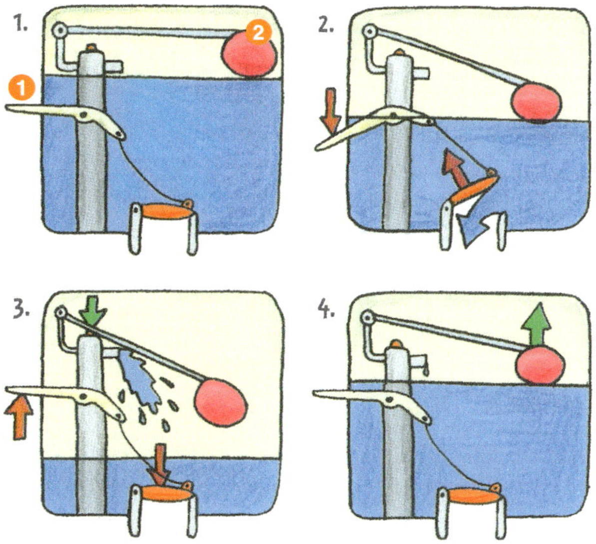


Toilettenspülung: 1 Taste, 2 Schwimmer

## Toilettenspülung

Einmal auf die Taste gedrückt, und schon rauscht Wasser in die Kloschüssel. Das Wasser kommt aus dem Spülkasten. Der hängt bei älteren Toiletten an der Wand oberhalb des Klos, bei neueren verbirgt er sich unsichtbar hinter den Fliesen.
Durch den Druck auf die Taste wird am Boden des Spülkastens ein Stöpsel herausgezogen. Nun fließen ganz schnell etwa zehn Liter Wasser durch die Öffnung bis in die Kloschüssel und durch das große Abflussrohr in die Kanalisation. Dabei sinkt ein kleiner Ballon, der Schwimmer, nach unten und gibt gleichzeitig den Wasserzulauf frei. Sofort strömt neues Wasser in den Spülkasten. Der Schwimmer steigt mit dem Wasser wieder nach oben und verschließt ab einer bestimmten Wasserhöhe den Zulauf: Der Spülkasten ist wieder gefüllt.

## Einhebelmischer

Mit dem Einhebelmischer kannst du leicht einstellen, wie warm oder kalt das Wasser fließen soll. So gehts: Der Einhebelmischer ist über Schläuche mit einem Warm- und einem Kaltwasseranschluss verbunden. Wenn du den → Hebel bewegst, lässt im Inneren ein Schieber mehr oder weniger Wasser aus dem einen oder dem anderen Schlauch fließen. So mischt er die Temperatur.

Mit dem Einhebelmischer kannst du auch einstellen, wie stark das Wasser aus dem Hahn sprudelt.

### Schon gewusst?

Unser Trinkwasser stammt zum Beispiel aus Wasservorkommen unter der Erde oder Seen. Damit es zu Hause sauber aus dem Hahn sprudelt, wird es im Wasserwerk gereinigt. → Pumpen drücken es von dort durch unterirdische Rohre bis in die Häuser.

# In Keller und Abstellkammer

## Zentralheizung

Dank Zentralheizung ist es auch im Winter immer mollig warm im ganzen Haus. Der wichtigste Teil der Zentralheizung ist der Heizkessel. Im Heizkessel werden Erdgas oder Erdöl verbrannt. Dabei entsteht Wärme, mit der Wasser in einem großen Tank erhitzt wird. Das warme Wasser strömt durch die Heizungsrohre bis zu den Heizkörpern in den einzelnen Räumen. Damit auf dem Weg keine Wärme verloren geht, sind die Rohre dick mit einer Isolierung umhüllt. Sie besteht aus einem Material, das keine Wärme nach außen lässt. Da die Heizkörper nicht isoliert sind, geben sie ihre Wärme an die Luft ab. Das abgekühlte Wasser im Heizkörper fließt durch die Rohre zurück in den Heizkessel. Hier wird es wieder erhitzt. Bei der Fußbodenheizung verlaufen stabile Kunststoffrohre im Boden. Durch sie fließt das warme Wasser aus dem Heizkessel.

Zentralheizung: 1 Heizkessel, 2 Wassertank, 3 Fußbodenheizung

## Waschmaschine

Ein Schlauch verbindet die Waschmaschine (→Maschine) mit einem Wasserhahn an der Wand. Durch diesen Schlauch strömt kaltes Wasser in die Einspülkammer und nimmt dabei das Waschmittel mit ins Innere der Trommel. Ein Heizelement in der Waschmaschine erhitzt das Wasser. Ein Elektromotor (→Motor) setzt die Trommel in Bewegung. Sie dreht sich immer abwechselnd links- und rechtsherum und wirbelt dabei die Wäsche im Waschmittelwasser durcheinander. So wird der Schmutz gelöst. Dann wird das Wasser abgesaugt und die Wäsche geschleudert. Dabei dreht sich die Trommel so schnell, dass Wasser und Wäsche von innen an die Trommelwände gedrückt werden. Weil die Trommel viele Löcher hat, spritzt das Wasser durch sie aus der Trommel hinaus. Eine →Pumpe pumpt das verschmutzte Wasser schließlich aus der Maschine. Es verschwindet im Abfluss.

Die Waschmaschine wird über die Glastür an der Vorderseite oder einen Deckel an der Oberseite mit Wäsche gefüllt.

Ähnlich wie die Waschmaschine hat auch der Wäschetrockner eine Trommel in seinem Inneren.

## Schon gewusst?

Statt eines Staubsaugers flitzen durch manche Wohnungen kleine Staubsauger-Roboter und saugen automatisch Staub und Dreck auf. Eingebaute →Sensoren erkennen Hindernisse. So kann der →Roboter um sie herumfahren.

## Wäschetrockner

Die Trommel des Wäschetrockners wird mit der feuchten Wäsche gefüllt. Beim Trocknen dreht sich die Trommel. Im Gehäuse des Wäschetrockners ist ein →Gebläse untergebracht, das einen kräftigen Luftstrom erzeugt. Die →Luft strömt an →Heizspiralen vorbei und erwärmt sich. Dadurch kann die Feuchtigkeit aus der Wäsche gut verdunsten. Wenn der warme Luftstrom durch die Wäsche pustet, nimmt er auch Flusen auf. Die warme Luft strömt durch das Flusensieb in der Tür des Wäschetrockners. Hier bleiben Flusen hängen. Nach jedem Gebrauch des Wäschetrockners muss das Flusensieb gereinigt werden. Die Luft gelangt dann in den Kondensator (→Kondensation). Hier wird die feuchte, warme Luft abgekühlt. Dabei wird die Feuchtigkeit, die die warme Luft in der Trommel aufgenommen hat, wieder zu Wasser. Es sammelt sich in einem Behälter. Die im Kondensator abgekühlte Luft strömt zu den Heizspiralen. Hier wird sie wieder erwärmt und in die Trommel geleitet.

## Staubsauger

Im Gehäuse des Staubsaugers verbirgt sich ein →Gebläse. Es erzeugt einen so starken Luftstrom (→Luft), dass Staub und Schmutzteilchen vorn ins Saugrohr hineingezogen werden. Der Luftstrom trägt sie durch den Schlauch ins Innere des Staubsaugers. Hier ist der Staubbeutel untergebracht, in dem sich der Schmutz sammelt. Der Staubbeutel hat feine Löcher, durch die die angesaugte Luft entweichen kann. Sie wird hinten am Staubsauger wieder hinausgepustet.

Manche Staubsauger haben keinen Staubbeutel. Sie sammeln den Staub in einem extra Behälter.

# Computer, Internet und Kommunikation

Heute sind wir ständig erreichbar: Das Telefon klingelt, Oma ruft aus dem Urlaub von ihrem Mobiltelefon aus an. Mit der in ihr Mobiltelefon eingebauten Digitalkamera hat sie Schnappschüsse gemacht. Schnell hat sie die Fotos an dein Handy geschickt. Dein selbst gemaltes Bild kannst du mit dem Scanner in den Computer einlesen. Ein kleiner Text in einer E-Mail dazu, ein Tastendruck – und blitzschnell ist ein Abbild deines Kunstwerks beim Empfänger eingetroffen. Dank moderner Technik können heute Informationen in Sekundenschnelle einmal um die Welt reisen. Aber auch schon früher haben die Menschen sich ausgeklügelte Systeme einfallen lassen, wie sie anderen Nachrichten übermitteln konnten. Im Römischen Reich etwa überbrachten Boten meist auf Pferden die Postsendungen. Reiter und Tier brauchten aber auch Pausen. Das kostete Zeit. Damit es schneller ging, griffen die Römer das Prinzip der „Eimerkette“ auf. In Poststationen wurden ungefähr nach einer Tagesreise der Bote und das Pferd gewechselt.

# Kommunikation

Um über das Telefon mit anderen Menschen sprechen zu können, braucht es das Telefonnetz. Es umspannt die ganze Welt.

## Telefon

Hast du dir schon einmal überlegt, was passiert, wenn du telefonierst? Im Inneren des Telefonhörers verbergen sich ein winziges →Mikrofon und ein kleiner →Lautsprecher. Das Mikrofon wandelt die →Schallwellen deiner Stimme in elektrische →Signale um. Ein schnurloses Telefon sendet diese Signale per Funk (→Funkwellen) an die Basisstation. Die Basisstation ist das kleine Gerät, mit dem sich das schnurlose Telefon wieder aufladen lässt. Die Basisstation ist über ein dünnes →Kabel mit der Telefondose an der Wand verbunden. Von der Telefondose gehen die Signale auf die Reise durch das Telefonnetz. Das Telefonnetz besteht aus vielen einzelnen Telefonleitungen aus feinem Kupferdraht. Große Entfernungen werden mit Glasfaserkabeln (→Kabel) und →Satelliten überbrückt.
Bei deinem Gesprächspartner angekommen, werden die elektrischen Signale in →Schallwellen zurückverwandelt. Dies geschieht im Lautsprecher im oberen Teil des Telefonhörers. Jetzt kann dich dein Gesprächspartner hören und dir antworten.

### Schon gewusst?

Telefonsatelliten (→Satellit) schweben in einer Entfernung von vielen Tausend Kilometern über der Erde. Im Grunde sind sie Verteiler: Sie empfangen Telefonsignale (→Signal) von einem Ort auf der Erde und schicken sie an einen weit entfernten Empfänger.

## Anrufbeantworter

Wenn niemand zu Hause ist, um ans Telefon zu gehen, ist ein Anrufbeantworter sehr praktisch. Er schaltet sich nach einer vorab eingestellten Anzahl an Klingeltönen ein und spielt eine automatische Ansage ab. Dann kann der Anrufer eine Nachricht hinterlassen. Moderne Anrufbeantworter sind mit einem digitalen Speicher (→digital) ausgestattet. Hier werden die Ansage sowie die Nachrichten der Anrufer gespeichert.

Moderne Anrufbeantworter sind gleich in das Gehäuse des Telefons eingebaut.

## Mobiltelefon und Smartphone

Smartphone heißt übersetzt „kluges Telefon“: Mit ihm kannst du auch gespeicherte Lieder und Filme abspielen oder Termine in einen Kalender eintragen.

Mit einem Mobiltelefon bist du auch unterwegs jederzeit erreichbar. Mobiltelefone werden in Deutschland auch Handys genannt, da sie so klein und handlich sind. Damit kannst du aber nicht nur telefonieren, sondern zum Beispiel auch Bilder oder kurze Textnachrichten, die SMS genannt werden, verschicken. SMS steht für den englischen Begriff Short Message Service. Das bedeutet so viel wie Kurznachrichtendienst. Viele Mobiltelefone haben außerdem einen Zugang zum Internet. Mittlerweile sind die meisten Mobiltelefone auch mit einer Digitalkamera (→ digital) und einem Musikplayer ausgestattet. Auf einem eingebauten Speicher kannst du die Fotos oder Musikstücke ablegen.

### Schon gewusst?

Von deinem Mobiltelefon aus gehen die elektrischen Signale auf die Reise über das Mobilfunknetz: Dein Handy schickt die Signale per Funk (→ Funkwellen) zur nächsten Basisstation. Diese Sendeanlagen kannst du etwa auf Hochhäusern sehen. Jede von ihnen empfängt und sendet die „Gesprächssignale“ der Mobiltelefone in der Nähe. Die Basisstation schickt die Signale dann über Telefonleitungen, Satelliten oder Glasfaserkabel weiter an die Basisstation, in deren Nähe sich dein Gesprächspartner befindet.

Besondere Mobiltelefone sind die modernen Smartphones. Du erkennst sie an ihrem extra großen → Display. Das Display reagiert auf Berührungen. So lässt sich das Smartphone mit leichtem Tippen des Fingers auf dem Display bedienen. Deshalb kommt das Smartphone ohne eingebautes Tastenfeld aus. Diese Art Display ist sehr praktisch und wird sich immer weiter durchsetzen. Für Smartphones gibt es spezielle kleine Programme, die Apps. App ist die Kurzform von Application, das heißt Anwendung. Einige zeigen dir zum Beispiel Bildergeschichten oder die Wettervorhersage an, mit anderen kannst du kleine Spiele spielen. Apps können über das Internet auf das Smartphone geladen werden. Für viele Apps musst du Geld bezahlen, andere sind kostenlos.

# Computer

## Computer

Ein Alltag ohne →Computer ist heute nicht mehr vorstellbar. Computer verstecken sich zum Beispiel in Geldautomaten, Supermarktkassen, Autos oder Flugzeugen.
Zu Hause findest du den Personal Computer, kurz PC. Ihn kannst du etwa nutzen, um Texte zu schreiben, Rechenaufgaben zu lösen, zu spielen oder dir Internetseiten anzuschauen. Unterteilen lassen sich die Bestandteile des Computers in Hardware und Software. Unter Hardware werden alle „harten“ Teile zusammengefasst, die du anfassen kannst, also etwa der Bildschirm oder das Gehäuse. Die Software hingegen lässt sich nicht anfassen. Zu ihr zählen zum Beispiel die verschiedenen Programme oder das Betriebssystem.

Im Inneren des Gehäuses verbirgt sich der Mikroprozessor, der wichtigste Teil des Computers. Der Mikroprozessor führt die verschiedenen Befehle aus, die er vom Betriebssystem oder den Programmen erhält – und zwar rasend schnell. Der Mikroprozessor ist zusammen mit anderen elektronischen Bauteilen auf einer großen Platte zu finden, das ist das Mainboard. Ebenfalls an das Mainboard angeschlossen ist ein eingebauter Speicher, der Festplatte genannt wird. Hier sind alle Daten, die verschiedenen Programme und das Betriebssystem abgelegt. Das Betriebssystem steuert die Grundfunktionen des PCs. Es sorgt etwa dafür, dass die Programme Befehle an den Mikroprozessor senden können.
PCs haben ein oder mehrere Laufwerke. Je nach Ausführung kannst du hier CDs, DVDs oder auch Blu-Rays einlegen und die darauf enthaltenen Informationen ansehen.

### Schon gewusst?

Ein →Computer versteht nur die Ziffern 0 und 1. Deswegen müssen alle Daten umgewandelt werden: Jedem Buchstaben, jeder Ziffer und jedem Symbol entspricht eine bestimmte Zahlenfolge aus Nullen und Einsen. Wenn du also den Buchstaben „L“ in den Computer eingibst, macht der PC daraus „1001100“, ein „B“ ist „1000010“. Auch Texte, Musikstücke oder Bilder liegen als Zahlenfolgen von Nullen und Einsen auf der Festplatte. Daten in dieser Form heißen „digitale Daten“ (→digital).

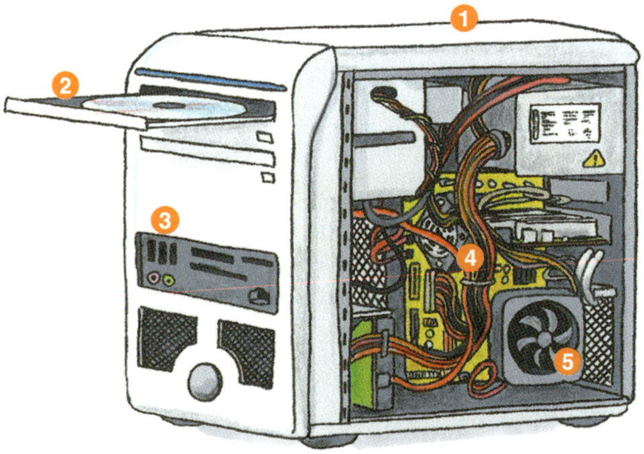


Computer: 1 Gehäuse, 2 Laufwerk, 3 USB-Anschlüsse, 4 Mainboard, 5 Lüfter

Die Größe von Bildschirmen wird in Zoll und Zentimetern angegeben. Zoll ist eine amerikanische Größenangabe. 1 Zoll sind 2,54 Zentimeter.

## Bildschirm

Nur wenn ein Bildschirm angeschlossen ist, kannst du sehen, was der →Computer gerade macht. Er zeigt etwa den Text, den du schreibst. Der Bildschirm wird über ein →Kabel mit dem Computer verbunden. Heute werden meistens Flachbildschirme eingesetzt. Sie benötigen wenig Platz, sparen →elektrischen Strom und haben ein sehr scharfes Bild.

### Schon gewusst?

Ein Laptop ist ein tragbarer Computer. Bei ihm befinden sich Bildschirm, Tastatur und Rechner in einem flachen Gehäuse. Noch kleiner sind Tablet-PCs. Sie eignen sich prima, um unterwegs zum Beispiel ins Internet zu gehen.

## Eingabegeräte

Mit Eingabegeräten kannst du dem →Computer Befehle erteilen, also etwa Texte eingeben. Die wichtigsten Eingabegeräte sind Tastatur und Maus. Jede Taste der Tastatur steht für einen Buchstaben, eine Zahl oder ein Symbol. Sobald du eine Taste drückst, wird ein Befehl an den Computer gesendet. Der Computer verarbeitet den Befehl und zeigt den eingegebenen Buchstaben auf dem Bildschirm an. Bewegst du die Maus, steuerst du so einen kleinen Zeiger auf dem Bildschirm. Drückst du die linke Maustaste über einem Symbol in der Menüleiste, kannst du zum Beispiel ein Programm starten. Klickst du mit der rechten Maustaste etwa auf ein Programm-Symbol, öffnet sich ein Extra-Menü mit speziellen Aktionen, die du durch Anklicken ausführen kannst.
Auch der Touchscreen ist ein Eingabegerät. Er hat eine spezielle Oberfläche, die auf Berührung reagiert. So lassen sich etwa über eine eingeblendete Tastatur Texte eingeben. Touchscreens findest du zum Beispiel bei Smartphones und bei Fahrkartenautomaten.

Auch Touchscreens zählen zu den Eingabegeräten. Sie ersetzen Tastatur und Maus.

# Computer

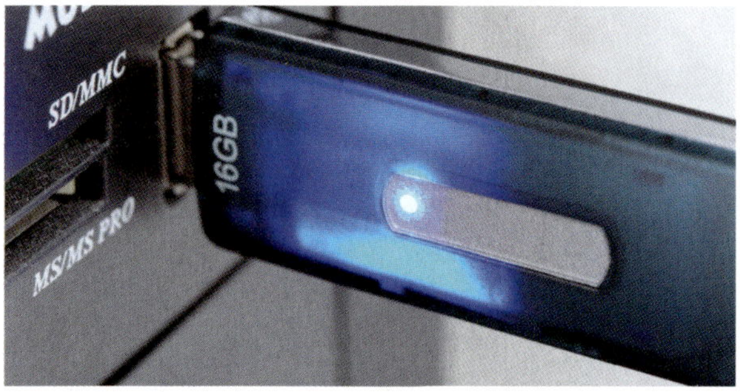



Der USB-Stick ist ein mobiler Datenspeicher. USB ist die Bezeichnung für einen Computer-Anschluss. Hier passt auch der USB-Stick hinein.

## Mobiler Datenspeicher

Der →Computer speichert Daten auf der Festplatte, die fest im Gehäuse des Computers eingebaut ist. Möchtest du Daten wie etwa Bilder oder Texte mitnehmen, kannst du sie auf einen mobilen Datenspeicher kopieren. Datenspeicher sind zum Beispiel kleine tragbare Festplatten oder CDs und DVDs.

### Schon gewusst?

Heute gibt es schon Bücher, die nicht aus Papier gefertigt sind. Die Texte eines elektronischen Buchs sind in einer Datei gespeichert. Elektronische Bücher werden E-Books genannt. Lesen kannst du sie zum Beispiel am PC oder mithilfe eines Lesegerätes: Ein E-Book-Reader ist ein kleiner Computer, der ganz viele Bücher speichern kann.

### Schon gewusst?

So wie der menschliche Körper durch Viren krank werden kann, können auch spezielle Computerviren einem Computer schaden. Viren sind kleine Programme, die ohne Wissen des Nutzers meist über das Internet oder über mobile Datenspeicher wie USB-Sticks auf den Computer gelangen. Hier löschen sie zum Beispiel Daten oder zerstören Programme. Trojaner spähen Passwörter aus. Um den Computer vor solchen Angriffen zu schützen, sollte immer eine aktuelle Antivirensoftware installiert sein.

Manche DVD-Laufwerke haben einen Brenner, mit dem du Daten auf eine CD oder DVD brennen kannst. Brennen heißt dieser Speichervorgang deswegen, weil die Informationen mit einem Laser (→Laserstrahl) in die Oberfläche der CD oder DVD eingebrannt werden. Der USB-Stick ist ein etwa fingergroßes Gerät. Hier kannst du immer wieder neue Daten abspeichern, kopieren oder alte Daten löschen.

## Scanner

Mit einem Scanner kannst du zum Beispiel deine selbst gemalte Geburtstagskarte in den →Computer übertragen. Hier lässt sie sich weiterbearbeiten und dann blitzschnell per E-Mail an den Computer des Geburtstagskindes senden. Dafür legst du die Karte mit der Schrift nach unten auf die Glasplatte des Scanners und machst den Deckel zu. Nun drückst du den Startknopf. Die Lampe unter der Glasplatte sendet einen Lichtstrahl (→Licht) aus. Der Lichstrahl tastet das Dokument ab. Er sitzt auf einer Schiene, die unter der Glasplatte entlangfährt. Mehrere Spiegel lenken den Lichtstrahl bis zum Lichtsensor (→Sensor). Hier wird der Lichtstrahl in digitale Informationen umgewandelt. Im Computer werden die einzelnen Zeilen wieder zum Bild zusammengefügt. So hast du ein Abbild deiner Geburtstagskarte in deinem Computer.

Scanner: 1 Glasplatte, 2 starke Lampe, 3 Lichtstrahl, 4 mehrere Spiegel, 5 Lichtsensor, 6 Bild

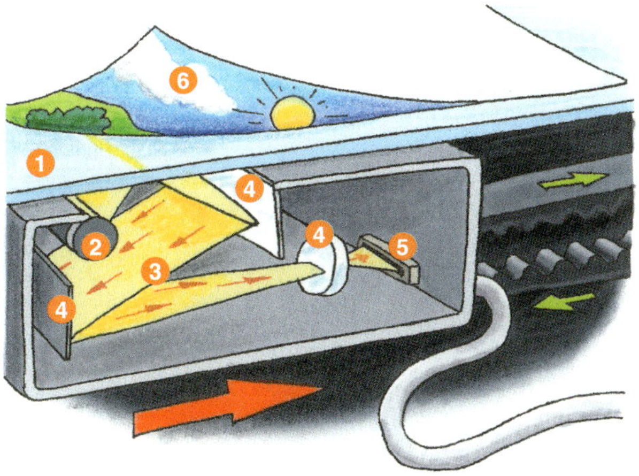

Mit Fotopapier kann ein **Drucker** Fotos ausdrucken. Auf diesem besonders glatten Papier leuchten die Farben sehr schön.

## Drucker

Mit einem Drucker kannst du Texte oder Bilder ausdrucken. Ein Kabel verbindet den Drucker mit dem →Computer. Gibst du im Computer den Befehl zum Drucken, überträgt der Computer die Daten deines Textes oder Bildes über das →Kabel an den Drucker. Im Inneren des Druckers steckt ein kleiner →Motor, der eine Gummirolle in Bewegung setzt. Bei jedem Ausdruck schiebt die Rolle ein Blatt Papier aus dem Papierfach durch einen schmalen Schacht. Bei einem Tintenstrahldrucker sitzt an einer Schiene der Druckkopf mit farbigen Tintenpatronen. Der Druckkopf fährt auf der Schiene hin und her und sprüht dabei aus den →Düsen der Patronen feine Farbtröpfchen. So entsteht Zeile für Zeile der Ausdruck deines Bildes oder Textes. Multifunktionsdrucker sind zusätzlich mit einem Scanner ausgestattet.

# Internet

## Internet

Das Internet ist ein Netz von sehr vielen →Computern. Diese Computer werden Server genannt. Hier sind jede Menge Informationen gespeichert. Miteinander verbunden sind die Server über ein Datennetz, das sich um die Erde spannt. Das Datennetz besteht aus Telefonleitungen, Funkverbindungen (→Funkwellen) und Glasfaserkabeln (→Kabel). So können die Computer leicht Informationen austauschen. Informationen sind zum Beispiel Texte und Bilder, Musik oder Filme. Meist finden sich diese Informationen auf Internetseiten. Diese Seiten sehen dann ähnlich aus wie die Seiten einer Zeitschrift.
Wie in einer normalen Zeitschrift blättern kannst du in den Internetseiten jedoch nicht. Um „umblättern“ zu können, musst du Hyperlinks nutzen. Sie werden auch Links genannt. Links verbinden die verschiedenen Internetseiten miteinander. Ein Link verbirgt sich meist hinter einem Wort, das zum Beispiel durch eine Unterstreichung hervorgehoben ist. Fährst du mit der Maus über das Wort, verwandelt sich der Mauszeiger in eine kleine Hand. Klickst du nun mit der Hand auf den Link, öffnet sich eine weitere Internetseite, die mit der ersten verknüpft ist. So kannst du von einer Seite zur nächsten hüpfen – oder „surfen“, wie man auch sagt.
Im Internet kannst du aber nicht nur nach Informationen suchen, sondern zum Beispiel auch Videoclips ansehen, Musikstücke anhören oder dich in Chatrooms mit Freunden unterhalten.

Internet: 1 Server, 2 Datennetz, 3 Internetseiten

### Schon gewusst?

Ein beliebtes Angebot im Internet sind soziale Netzwerke. Hier kann sich jeder ein eigenes Profil erstellen und Fotos einfügen. In diesem Profil kannst du dich beschreiben. Diese Informationen kann dann jeder lesen, der Mitglied in dem sozialen Netzwerk ist. Das ist natürlich spannend. Du darfst jedoch nicht vergessen, dass jeder, der das möchte, Zugriff hat. Sei also immer vorsichtig und überlege genau, welche Informationen du über dich preisgeben möchtest. Oder lege fest, wer sich dein Profil ansehen darf.

Ein Browser kann Internetseiten anzeigen.

## Browser

Um dir Internetseiten anschauen zu können, brauchst du einen Browser. Ein Browser ist ein spezielles Computerprogramm (→ Computer), das die Inhalte der Internetseiten in einem Fenster auf dem Bildschirm anzeigt. Jede Internetseite hat eine eigene Adresse. Internetadressen sind alle ähnlich aufgebaut: Am Anfang steht meist das Kürzel „www“ – das bedeutet „World Wide Web“, also weltweites Netz. Dann folgt der Name der Seite, zum Beispiel „duden“. Am Schluss steht oft die Endung des Landes, etwa „de“ für Deutschland. Diese drei Teile sind jeweils durch einen Punkt getrennt. Sobald du eine Internetadresse in die Adresszeile des Browsers eingibst, wird deine Anfrage über das Datennetz bis zu dem Computer geleitet, auf dem die gewünschte Seite gespeichert ist. Sie sendet dann die Daten der Seite in Häppchen zurück. Diese Informationspäckchen nehmen nicht alle den gleichen Weg, sondern flitzen über die am wenigsten genutzten Leitungen. So geht die Übertragung ganz fix. Auf dem Computer angekommen, werden die Informationen wieder zur vollständigen Internetseite zusammengesetzt.

## Glasfaserkabel

Glasfaserkabel (→ Kabel) bestehen aus mehreren Hundert hauchdünnen Glasfäden. Glasfaserkabel sind Teil des Datennetzes und übertragen blitzschnell große Mengen an digitalen Informationen (→ digital) – und zwar mithilfe von → Licht. Das funktioniert so: Digitale Daten sind lange Zahlenreihen aus lauter Einsen und Nullen. Wird ein Lichtsignal durch das Glasfaserkabel gesendet, entspricht dies einer Eins; wird kein Licht gesendet, ist das eine Null. So können Hunderte von Telefongesprächen, E-Mails oder andere digitale Daten gleichzeitig übertragen werden.

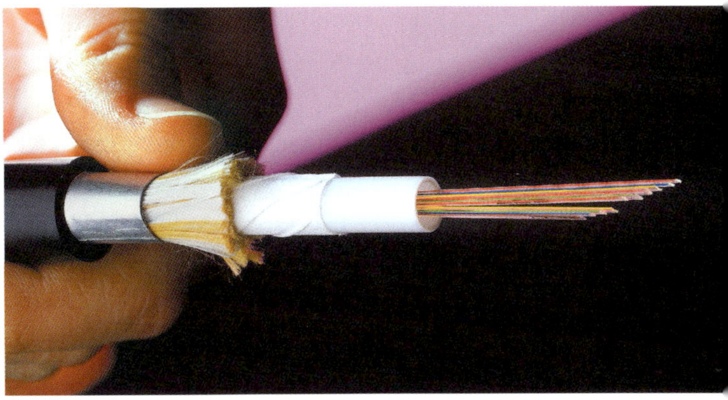

Ein Mantel aus Kunststoff schützt die feinen Glasfäden im Glasfaserkabel, damit sie nicht brechen.

# Internet

Eine Suchmaschine speziell für Kinder ist zum Beispiel „Blinde Kuh“. Du findest sie im Internet unter der Adresse www.blinde-kuh.de.

## Suchmaschine

Im Internet gibt es viele Millionen Internetseiten, und täglich werden es mehr. Wenn du in diesem Informationsdschungel Internetseiten zu einem bestimmten Thema finden möchtest, kann dir eine Suchmaschine dabei helfen. Um mit der Suche zu starten, rufst du die Seite einer Suchmaschine auf. In das Suchfeld der Suchmaschine trägst du zunächst den Begriff ein, zu dem du etwas wissen möchtest, zum Beispiel zum „Hund“. Die Suchmaschine zeigt dir dann eine Liste von Internetseiten über Hunde an: zum Beispiel Lexikonartikel über die verschiedenen Rassen oder auch die Vorstellung eines Hundefriseurs bei euch um die Ecke. Dafür durchsucht die Suchmaschine aber nicht alle Internetseiten, denn das würde viel zu lange dauern. Sie durchforstet stattdessen einen Index. Ein Index ist mit einem Sachwortverzeichnis in einem Buch vergleichbar. Im Buch sind die wichtigsten Begriffe, die vorkommen, in alphabetischer Reihenfolge aufgelistet – zusammen mit den Seitenzahlen, auf denen sich die Begriffe jeweils im Buch finden. Im Index einer Suchmaschine stehen natürlich keine Seitenzahlen, sondern die Adressen der Internetseiten, auf denen der Begriff zu finden ist. Erstellt und erweitert wird dieser Index durch kleine Programme: Sie durchstreifen ständig das Internet auf der Suche nach Seiten, die noch nicht in ihrem Index enthalten sind. Sind die Programme fündig geworden, nehmen sie die Adresse der betreffenden Seite zusammen mit einigen passenden Stichworten zum Inhalt in den Index auf.

### Deine Forscheraufgabe

Im Internet gibt es zahlreiche Internetseiten extra für Kinder. Hier findest du zum Beispiel jede Menge Spiele, mit denen du dir etwa die Zeit an einem regnerischen Nachmittag vertreiben kannst. Um dir die Spiele anzeigen zu lassen, muss du zunächst die Internetseite einer Suchmaschine aufrufen. Überlege dir bei deiner Internetsuche einen möglichst genauen Begriff und trage ihn in das Suchfeld ein.

## E-Mail

„E-Mail“ steht für „Electronic Mail“, das bedeutet elektronische Post. E-Mails werden gleich am PC geschrieben und fix über das Internet versendet. Dafür brauchst du eine eigene E-Mail-Adresse. Sie setzt sich meist aus deinem Namen, dem Zeichen @ und der Internetadresse des Postfachs zusammen. Das Zeichen @ spricht man übrigens „ät“ aus. Jede Adresse ist mit einem Postfach im Internet verbunden. In vielen Datenpaketen wird deine E-Mail dann über das Internet verschickt. Jedes Päckchen ist dabei mit der E-Mail-Adresse des Empfängers versehen. So finden sie leicht den Weg in das richtige Postfach. Dort werden sie wieder zur ganzen E-Mail zusammengesetzt. Es gibt auch spezielle Programme für das Versenden und Empfangen von E-Mails. Dort kannst du deine E-Mail-Adresse hinterlegen. Das Programm greift dann automatisch auf dein E-Mail-Postfach im Internet zu und lädt neue Nachrichten auf deinen PC.

In die Adresszeile deiner **E-Mail** gibst du die E-Mail-Adresse des Empfängers ein. Darunter ist Platz für deinen Text.

Dank Webcam kann man sich bei der **Internettelefonie** auch sehen. In neuen Bildschirmen und Laptops ist oft schon eine Kamera eingebaut.

## Internettelefonie

Mit speziellen Programmen kannst du über das Internet mit deinen Freunden telefonieren. Bei neueren PCs sind →Mikrofon und →Lautsprecher gleich eingebaut, und du brauchst keinen Kopfhörer mehr. Wie bei einem Telefon wandelt das Mikrofon die →Schallwellen deiner Stimme in elektrische →Signale um. Diese Signale werden als digitale Daten (→digital) über das Internet bis zum →Computer deines Freundes geschickt. Dort wandeln die in den Kopfhörer eingebauten Lautsprecher die Signale wieder in deine Stimme um.

### Schon gewusst?

Ein Modem bereitet die →digitalen →Signale des →Computers so vor, dass sie besser über das Datennetz übertragen werden können. Router sorgen dafür, dass gesendete Datenpakete an den richtigen Empfänger weitergeleitet werden.

STOP POLIZE

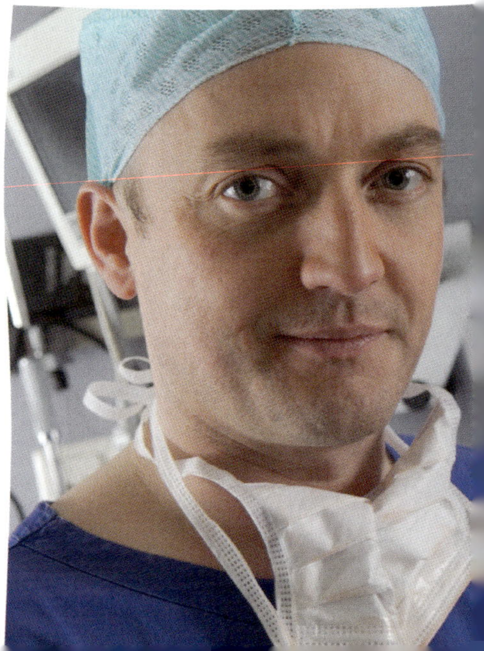

# In der Stadt

In der Stadt ist viel los. Fußgänger, Fahrradfahrer und Autos sind auf den Straßen unterwegs. Damit in der Stadt alles reibungslos funktioniert, sind rund um die Uhr viele Menschen und moderne Technik im Einsatz. Polizei und Feuerwehr sorgen für die Sicherheit. In Krankenhäusern wird Kranken und Verletzten geholfen. Kaufhäuser bieten zum Beispiel Spielwaren und Kleidung an. Ohne Tankstellen könnten die Menschen keinen Kraftstoff für ihre Autos tanken. Wie praktisch und wichtig es ist, dass alles funktioniert, kannst du auch gut am Beispiel der Müllabfuhr sehen.
Im Mittelalter gab es sie noch nicht. Der Hausmüll landete einfach auf dem Misthaufen hinter dem Haus oder wurde direkt auf die Gasse geschüttet. Durch die Straßen zog oft ein fürchterlicher Gestank! In diesem Dreck fühlten sich Ratten wohl und übertrugen Krankheiten auf die Menschen. Außerdem wurde damals noch kein Abfall getrennt. Aus diesem Grund konnte natürlich auch kein Müll für das Herstellen neuer Dinge verwendet werden.

# Bei der Müllabfuhr

Damit noch mehr Abfall in den Container des Müllautos passt, wird er durch eine Presse zusammengedrückt. Der Innenraum kann durch eine verschiebbare Platte vergößert werden.

## Schon gewusst?

Leere Farbeimer oder Lackdosen sind schädlich für die Umwelt und zählen deshalb zum Sondermüll. Sondermüll muss zu einem Wertstoffhof gebracht werden. Von dort wird er zu Recyclinganlagen oder auch Sondermüllverbrennungsanlagen transportiert. Sehr giftige Abfälle werden unterirdisch gelagert.

## Müllauto

Ein Müllauto ist ein spezieller Lkw. Hinter seinem Fahrerhaus befindet sich ein großer Container aus Stahl, in dem Platz für etwa zehn Tonnen Müll ist. Das ist ungefähr so viel, wie zehn kleine Autos wiegen. Die meisten Müllautos sind Hecklader. Bei ihnen werden die Mülltonnen vom Heck aus, also von hinten, in das Müllauto geleert. Dafür rollen die Müllwerker sie an die Schüttung heran und hängen sie ein. Die Schüttung hebt die Mülltonnen an und leert sie über Kopf in den Container aus. Es gibt auch Müllautos, die Seitenlader oder Frontlader sind. Ihre Schüttungen besitzen Greifarme, die die Mülltonnen von der Seite oder von vorne alleine greifen können. Das ist praktisch, weil niemand die Tonnen erst heranrollen muss.

## Mülldeponie

Auf Mülldeponien wird nur Müll gelagert, der nicht verbrannt oder wiederverwertet werden kann. Das ist vor allem ausgehobene Erde, die beispielsweise beim Hausbau entsteht, Bauschutt oder die Rostasche aus Müllverbrennungsanlagen. Der Boden der meisten Mülldeponien ist mit Ton und einer Schutzfolie abgedichtet. So können Schadstoffe nicht zusammen mit dem Regenwasser in den Erdboden und in unser Trinkwasser sickern. Ein Entwässerungssystem leitet aufgestautes Regenwasser zum Reinigen in spezielle Anlagen. Viele Mülldeponien werden auch von oben abgedichtet und mit Erde bedeckt.

Mülldeponien werden „renaturiert“, das heißt als Grünflächen für die Menschen nutzbar gemacht.

Der Greifarm transportiert den Restmüll, wie alte Zahnbürsten oder benutzte Pflaster, zum Ofen der Müllverbrennungsanlage.

## Müllverbrennungsanlage

Müllverbrennungsanlagen sind Fabriken, in denen Müll verbrannt wird. Zuerst wird der Müll in einem großen Müllbunker gesammelt. Ein riesiger Greifkran holt sich daraus gleich einige Tonnen Müll auf einmal. Er schwenkt den Müll zum Ofen der Anlage und lässt ihn hineinfallen. Auf einem Rost über dem Feuer wird der Müll dann verbrannt. Dabei wird es um die 1000 °C heiß! Übrig bleibt Rostasche, die in einen großen Behälter fällt. Anschließend wird sie gesiebt, um beispielsweise Metallstücke auszusortieren, die recycelt werden können. Der Rest kommt auf die Mülldeponie. Manche Arten von Rostaschen werden allerdings für den Bau neuer Straßen verwendet. Beim Verbrennen des Mülls entsteht auch Rauch. Bevor er durch Schornsteine entweicht, wird er durch Filter geleitet und so von Schadstoffen befreit. Mithilfe der Hitze, die beim Verbrennen (→Verbrennung) entsteht, wird →elektrischer Strom und Fernwärme zum Heizen erzeugt.

Altglas wird eingeschmolzen und zu neuem Glas.

## Recycling

Damit keine wertvollen →Werkstoffe verloren gehen, werden aus möglichst vielen alten Dingen wieder neue hergestellt. Das nennt man Recycling. Dafür trennen wir unseren Müll nach Verpackungsmüll, Altpapier, Bioabfall und Altglas. Altmetalle und defekte Haushaltsgeräte bringen wir zu einem Wertstoffhof. Vieles davon wird in Recyclinganlagen oder zuerst in Sortieranlagen gebracht. Aus recycelbarem Müll werden dann in anderen Fabriken neue Produkte hergestellt. Aus Altpapier entstehen etwa wieder neue Zeitungen. Auch Bioabfall wird recycelt. Bei um die 70 °C verrottet er in Kompostieranlagen mithilfe von Bakterien zu Kompost. Diese nährstoffreiche Erde wird dann als Dünger für unsere Felder benutzt.

### Deine Forscheraufgabe

Wie Kompost entsteht, kannst du auch beobachten: Befülle ein großes Glas mit Gartenerde. Lege eine Schicht Zeitungsschnipsel und ein paar Bioabfälle wie Kartoffelschalen oder Brotrinden darauf. Bedecke nun alles mit etwas Erde und halte das Glas immer leicht feucht. Jetzt heißt es einige Wochen abwarten!

# An der Tankstelle

## Zapfsäule

Das Wichtigste an einer Tankstelle sind die Zapfsäulen. An ihnen können Autofahrer ihr Auto mit Kraftstoff betanken. Dafür pumpen (→Pumpe) die Zapfsäulen den Kraftstoff aus den unterirdischen Tanks der Tankstelle hoch. Dieser fließt dann über einen Schlauch zu dem Zapfventil (→Ventil), das der Autofahrer in seinen Tank einhängt. Wenn er nun den Hebel am Griff des Zapfventils drückt, fließt der Kraftstoff in den Tank. Der Hebel kann auch eingerastet werden, sodass man ihn nicht mehr die ganze Zeit gedrückt halten muss. Es fließt dann so lange Kraftstoff in den Tank, bis er voll ist. Dann schaltet sich das Zapfventil sofort automatisch ab. In seinem Inneren sitzt nämlich ein Fühler. Wenn dieser in den Kraftstoff taucht, schließt sich ein Ventil. Das Zapfventil hat noch eine weitere Aufgabe. Während der Kraftstoff fließt, saugt es giftige Gase ein, die beim Tanken entstehen. Diese werden von einem zweiten Schlauch, der sich im Inneren des Kraftstoffschlauchs befindet, in den unterirdischen Tank zurückgeleitet. Wenn der Tanklaster den Tank mit neuem Kraftstoff auffüllt, nimmt er die giftigen Gase mit. Sie werden in speziellen Anlagen gereinigt.
Die Anzeige an der Zapfsäule zeigt dem Autofahrer nach dem Tanken an, wie viele Liter Kraftstoff er getankt hat, was ein Liter davon kostet und wie viel er insgesamt dafür bezahlen muss.

### Schon gewusst?

Jede Tankstelle bietet verschiedene Sorten von Kraftstoffen an. Es gibt diese verschiedene Sorten, weil Autos je nach Antriebsart unterschiedlichen Kraftstoff brauchen.
Die meisten Autos tanken Benzin, Diesel oder Superbenzin. Alle drei Kraftstoffe werden aus Erdöl gewonnen, sind chemisch aber unterschiedlich zusammengesetzt. Erdgas, Autogas oder Wasserstoff sind gasförmige Kraftstoffe, die Autos mit modernen Antriebsarten benötigen. An manchen Tankstellen findest du auch eine Stromladestation für Elektroautos.

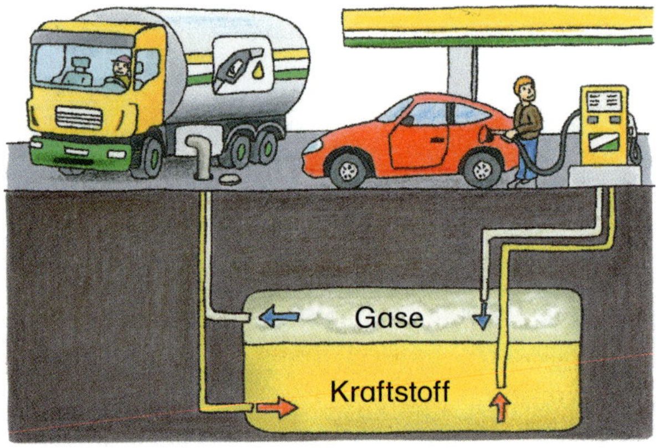


Kraftstofftanks werden unter der Erde gelagert. Große Tanklaster füllen die Tanks immer wieder neu, damit aus den Zapfsäulen Kraftstoff fließen kann.

Nach dem Anschließen des Luftdruckprüfgerätes an das Ventil wird der Luftdruck angezeigt.

## Luftdruckprüfgerät

An Tankstellen gibt es ein Luftdruckprüfgerät. Autofahrer sollten regelmäßig den Luftdruck (→Luft, →Druck) in ihren Reifen überprüfen, damit das Auto weiterhin sicher und umweltfreundlich auf der Straße fährt. Mit platten Reifen kann das Auto seine Spur nicht mehr gut halten, und es verbraucht auch viel mehr Kraftstoff. Wie hoch der Luftdruck in jedem Reifen sein muss, steht meist auf einem Aufkleber in der Nähe der Türe oder in der Bedienungsanleitung für das Auto. Vor einer Urlaubsfahrt mit schwerem Gepäck sollte beispielsweise der Luftdruck etwas höher sein. Zum Prüfen muss zuerst die Ventilkappe (→Ventil) am Reifen abgeschraubt werden. Der Autofahrer stellt den gewünschten Luftdruck am Luftdruckprüfgerät ein. Dann schließt er es über einen Schlauch an das Ventil des Reifens an. Die meisten Luftdruckgeräte passen automatisch den gewählten Luftdruck an, indem sie Luft in den Reifen leiten oder ablassen.

## Waschanlage

An Tankstellen findest du oft eine Waschanlage für Autos. Diese sieht ein bisschen aus wie eine Garage, die vorne und hinten offen ist. Der Fahrer fährt das Auto vorne hinein, macht seinen Motor aus und stellt es ab. Jetzt kann es losgehen: Zuerst wird das Auto mit Schaum eingesprüht, der den Dreck lösen soll. Dann folgt die Bürstenwäsche durch große rotierende Textil- oder Schaumstoffbürsten. Sie fahren über das Dach und an der Seite entlang. Der Schaum wird mit Wasser entfernt. Danach wird zum Schutz für den Lack oft Wachs aufgesprüht. Zum Schluss gleitet ein starkes →Gebläse über das Auto und pustet es trocken. Wenn das Programm beendet ist, leuchtet ein grünes Licht auf. Jetzt heißt es: →Motor wieder an und aus der Waschanlage rausfahren!

Anstatt Waschanlagen gibt es auch meterlange Waschstraßen. Sie sehen aus wie ein Tunnel, durch den die Autos auf einem Förderband gezogen werden.

# Im Krankenhaus

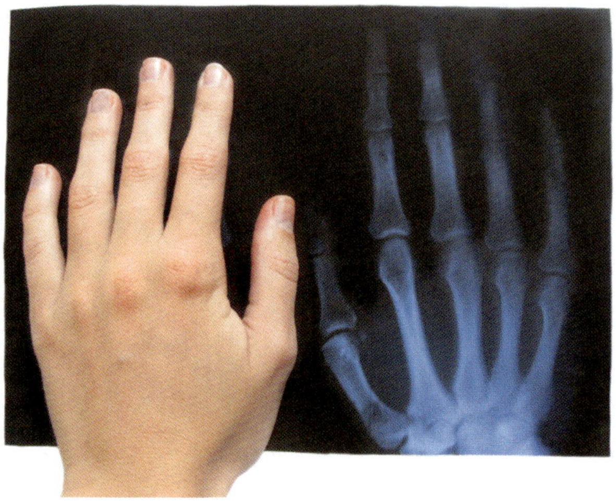

Auf Röntgenbildern erkennen Ärzte beispielsweise, ob Knochen gebrochen sind.

## Röntgengerät

Ein Röntgengerät macht mithilfe von Röntgenstrahlen Bilder von Knochen. Erzeugt werden die →Röntgenstrahlen in der Röntgenröhre. Zum Röntgen legt der Patient den zu untersuchenden Körperteil wie zum Beispiel seine gebrochene Hand auf eine spezielle Platte. Darunter befindet sich meist eine Kassette mit einer dünnen Folie. Die in der Röntgenröhre erzeugten Strahlen dringen durch die Hand bis auf diese Folie. Genau wie →Licht durch ein dünnes Blatt Papier! Dort, wo viele Strahlen hinfallen, wird die Folie schwarz. Weil die Hand mit ihren Knochen einen Teil der Strahlen aufnimmt, gelangen an diesen Stellen weniger Strahlen auf die Folie. So sind die Knochen darauf als helle Flächen zu erkennen. Zu häufiges Röntgen ist übrigens schädlich für den Körper.

## Computertomograf

Ein Computertomograf arbeitet genau wie ein Röntgengerät mit →Röntgenstrahlen. Aber statt eines einfachen Bildes erzeugt er viele Bilder hintereinander. So entstehen anstatt flacher Bilder dreidimensionale Aufnahmen. Diese zeigen Organe und Körperteile in der Form, wie sie auch in Wirklichkeit aussehen. Der Computertomograf besitzt eine kurze Röhre, in der die Röntgenstrahlen erzeugt werden. Auf einer Liege fährt der Patient ganz langsam in die Röhre hinein. Im Inneren der Röhre rotiert das Röntgengerät und sendet dabei Röntgenstrahlen aus. Diese werden jeweils auf der Gegenseite der Röhre von einem Messgerät aufgefangen. So entstehen unzählige Röntgenaufnahmen aus allen erdenklichen Positionen. Sie alle werden an einen →Computer gesendet, der die einzelnen Schnittbilder zu dreidimensionalen Bildern des menschlichen Körpers zusammensetzt.

Auf den dreidimensionalen Aufnahmen des Computertomografen können die Ärzte neben Knochenbrüchen auch gut erkennen, ob Organe verletzt sind.

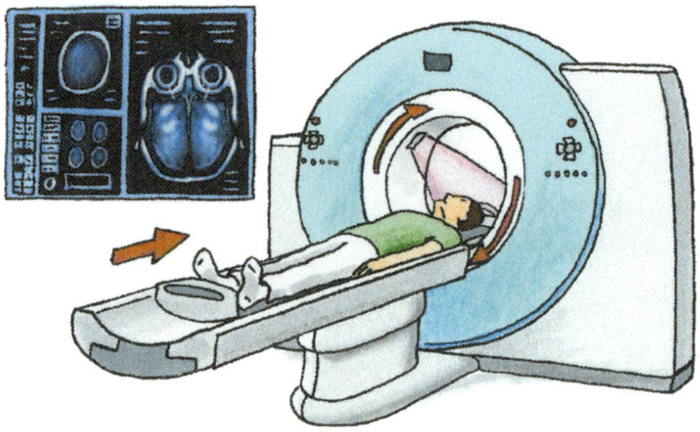

## Schon gewusst?

Das Ultraschallgerät (→Ultraschall) hat ein Vorbild: die Fledermaus. Sie sendet Ultraschallwellen (→Schallwellen) aus, die an Hindernissen abprallen und als →Echo zurückgeworfen werden. So findet sich die Fledermaus auch im Dunkeln zurecht. Die Wissenschaft, die sich mit den Fähigkeiten aus dem Tierreich befasst und diese auf technische Erfindungen überträgt, heißt Bionik.

## Ultraschallgerät

Ein Ultraschallgerät (→Ultraschall) kann das Körperinnere sichtbar machen, indem es Ultraschallwellen (→Schallwellen) durch den Körper sendet. Dafür drückt der Arzt einen Schallkopf auf die Körperstelle, die er untersuchen möchte. Dieser sendet die Ultraschallwellen aus, und sobald sie auf Widerstand treffen, wie zum Beispiel auf Gewebe oder Organe, werden sie wie ein →Echo zurückgeworfen. Die Schallwellen werden von dem Schallkopf wieder aufgefangen. Ein →Computer schafft es dann blitzschnell, daraus ein Bild der inneren Organe zu machen.

Weil Ultraschallwellen ungefährlich sind, werden mit **Ultraschallgeräten** auch Babys im Bauch von Schwangeren untersucht.

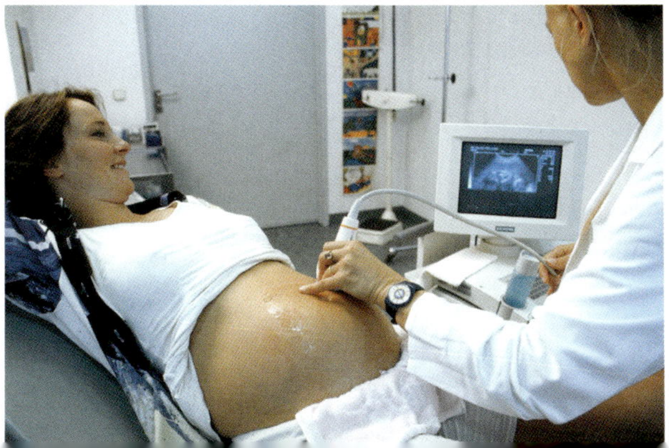

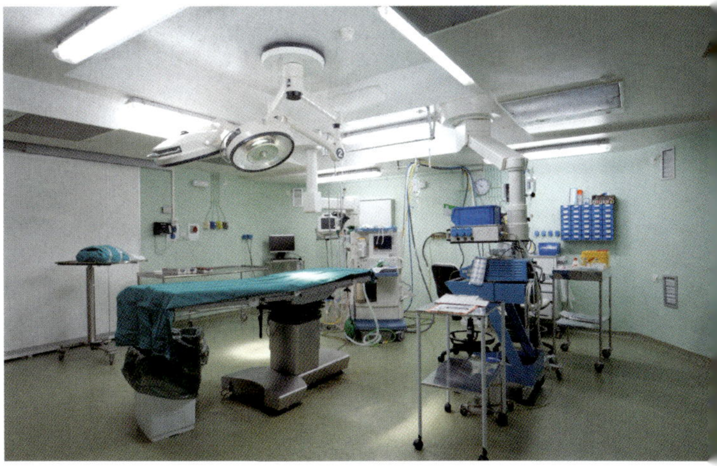

Belüftet wird jeder **Operationssaal** über Belüftungsanlagen mit speziellen →Filtern, damit kein Staub hineingelangt.

## Operationssaal

In einem Operationssaal werden Patienten operiert. Hier entfernen Chirurgen beispielsweise einen entzündeten Blinddarm oder setzen gebrochene Knochen wieder zusammen. Dafür liegen die Patienten auf dem Operationstisch. Dort erhalten sie zuerst eine Narkose, damit sie in einen Tiefschlaf fallen und keine Schmerzen spüren. Mit Operationsinstrumenten wie dem messerartigen Skalpell machen die Chirurgen dann einen Schnitt. Manchmal wird auch eine kleine Kamera in den Körper eingeführt. Sie überträgt Bilder auf einen Monitor. So eine Operation nennt man Endoskopie. Alle Operationsinstrumente müssen sauber und steril sein, damit sich offene Wunden nicht entzünden. Am Ende wird die Wunde mit Nadel und Spezialfaden vernäht, und der Patient kommt in den Aufwachraum.

# Im Kaufhaus

## Scannerkasse

Eine Scannerkasse erkennt anhand des schwarz-weißen Strichcodes, der auf fast jedem Produkt aufgedruckt ist, den Preis. Dafür ziehen die Kassierer das Produkt über die Scheibe des Scanners, der mit einem →Laserstrahl den Strichcode abtastet. Manchmal benutzen sie auch einen Handscanner. Das Muster der hellen und dunklen Striche wird in der Kasse elektronisch in die Produktnummer umgewandelt. Zu jeder Produktnummer ist der zugehörige Preis in der Kasse gespeichert. Dieser kann nun auf dem →Display angezeigt werden.

Der Laserstrahl der Scannerkasse (Handscanner) tastet den Strichcode ab.

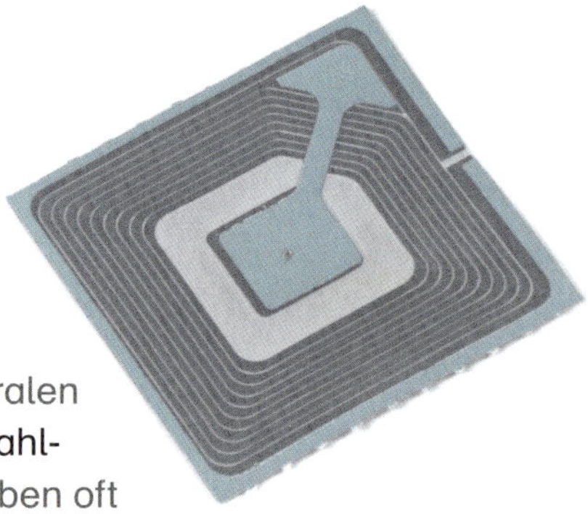

Die Aluminiumspiralen dienen der Diebstahlsicherung. Sie kleben oft auf der Rückseite des Preisetiketts.

## Diebstahlsicherung

In fast allen Kaufhäusern gibt es eine Diebstahlsicherung. Die Waren sind mit einem Sicherheitsetikett beklebt. Darauf ist eine lange Aluminiumspirale aufgedruckt, die als →Antenne dient. Am Ausgang des Kaufhauses stehen empfindliche, plattenförmige Detektoren, die auf das Sicherheitsetikett reagieren. Wenn jemand das Kaufhaus verlassen will, ohne die Ware zu bezahlen, merken dies die Detektoren und schlagen sofort laut Alarm. Wer seine Waren zahlt, braucht sich natürlich keine Sorgen zu machen. Beim Scannen an der Kasse wird die Antenne im Etikett mit einem →Magneten automatisch entsichert. In manchen Kleidergeschäften sind die Waren auch mit großen Clips gesichert. Diese werden von der Kassiererin beim Bezahlen entfernt.

### Schon gewusst?

Die Produktnummer ist meist 13 Ziffern lang. Um sie in einen Strichcode umzuwandeln, wird sie in einem →Computer in eine „binäre“ Zahlenfolge aus Einsen und Nullen übersetzt. Ein Programm erkennt dann, in welcher Reihenfolge die Striche und Lücken aufgedruckt werden sollen.

## Rolltreppe

In großen Kaufhäusern findest du oft Rolltreppen, mit denen du bequem von einem Stockwerk zum nächsten fahren kannst. Die Stufen sind an einer Kette befestigt. Sie ist zwischen zwei Zahnräder gespannt und wird von einem Motor angetrieben. Die Kette führt die Stufen erst auf der Trittseite entlang und dann unten herum zurück. Das Handlaufband einer Rolltreppe wird von einem eigenen Antriebsrad (→Antrieb) transportiert. Deshalb kann es manchmal vorkommen, dass das Handlaufband etwas schneller läuft als die Treppenstufen.
In manchen Kaufhäusern oder Einkaufszentren gibt es Rollbänder. Sie sind flach und haben keine Stufen. Wenn du deinen Einkaufswagen auf das Rollband schiebst, hakt sich der Wagen in den Rillen auf dem Boden fest ein. So kannst du mit deinem Einkaufswagen problemlos und sicher die Etage wechseln.

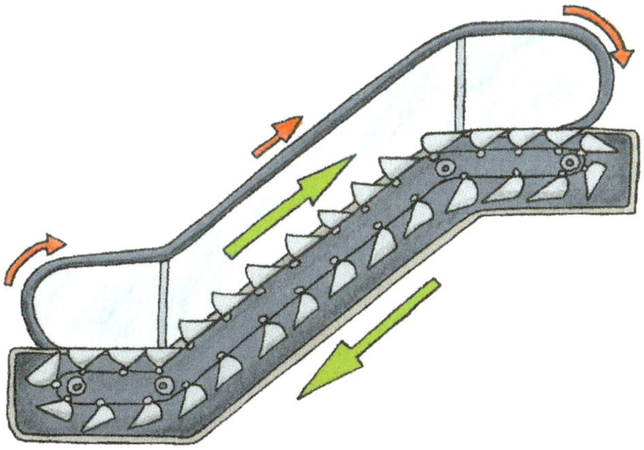

Bei einer **Rolltreppe** entstehen keine Wartezeiten wie bei einem Aufzug. Du kannst einfach aufsteigen, und los geht es.

In Glas**aufzügen** hast du freie Sicht. Bis auf die Seite mit den Türen ist der Schacht offen.

## Aufzug

Mit einem Aufzug können Menschen bequem über mehrere Etagen fahren. Vor allem Eltern mit Kinderwagen oder Menschen in Rollstühlen erreichen so auch alle Stockwerke. Die meisten Aufzüge sind Seilaufzüge. Sie besitzen dicke Stahlseile, an denen der Fahrkorb befestigt ist. Auf der letzten Etage über dem Aufzugsschacht befindet sich der Maschinenraum. Hier laufen die Stahlseile über eine Rolle, die auch Treibscheibe genannt wird, zurück in den Aufzugsschacht. Dort sind sie an einem Gegengewicht aus Stahlplatten befestigt. Sobald du den Fahrstuhl per Knopfdruck „rufst“, werden die Treibscheibe und die Seile von einem →Motor im Maschinenraum bewegt. Fährt der Aufzug nach oben, gleitet dabei das Gegengewicht nach unten. Fährt der Aufzug nach unten, so wird das Gegengewicht nach oben gezogen.

# Bei der Feuerwehr

Bei einem größeren Brand rückt die Feuerwehr mit einem ganzen Löschzug aus. Er besteht aus mehreren Einsatzfahrzeugen.

## Einsatzfahrzeuge

Jede Feuerwache besitzt verschiedene Einsatzfahrzeuge, um für möglichst viele Arten von Unfällen vorbereitet zu sein. Bei einem kleineren Brand rückt nur das Löschfahrzeug mit der Mannschaft aus. Es ist mit Materialien wie Schläuchen, Verteiler und Strahlrohren ausgerüstet. In seinem Wassertank kann das Löschfahrzeug mindestens 500 Liter Wasser speichern. Dieses spritzt bei einem Einsatz mithilfe einer →Pumpe unter hohem →Druck aus dem Schlauch. Bei einem großen Brand reicht der Tankinhalt des Löschfahrzeugs nicht aus. Deshalb fährt oft noch das Tanklöschfahrzeug mit zum Einsatz. Es kann bis zu 5000 Liter Wasser und 500 Liter Schaummittel für den Löschschaum transportieren. Der Löschschaum entsteht dann erst beim Löschen, indem das Schaummittel mit Wasser und →Luft vermischt wird.

**Schon gewusst?**

Nach jedem Einsatz werden die Schläuche auf Löcher geprüft und in einer Schlauchwaschanlage gewaschen. Anschließend werden sie in dem hohen Trockenturm der Feuerwache zum Trocknen aufgehängt.

## Beim Brandeinsatz

Bei einem Brandeinsatz rollen die Feuerwehrleute die Schläuche aus und schließen sie an die verschiedenen Ausgänge des Verteilers an. Dieser ist mit dem Hauptschlauch verbunden, der zum Wassertank im Löschfahrzeug führt. Falls das mitgebrachte Wasser nicht ausreicht, wird ein Hydrant angezapft. Hydranten sind Wasseranschlüsse im Boden, die direkt mit der Trinkwasserleitung verbunden sind. Bei brennenden Flüssigkeiten wie etwa Benzin wird Löschschaum eingesetzt. Er schwimmt auf der Flüssigkeit und erstickt so die Flammen.

Der Wasserdruck ist so hoch, dass der Schlauch bei einem Brandeinsatz meist von zwei Feuerwehrleuten gehalten werden muss.

Die **Einsatzleitstelle** ist rund um die Uhr besetzt, damit jederzeit geholfen werden kann.

## Einsatzleitstelle

In der Einsatzleitstelle gehen alle Notrufe über die Notrufnummer 112 ein. Die Mitarbeiter dort sind dafür zuständig, die richtigen Einsatzfahrzeuge schnellstmöglich zum Unfallort zu schicken. Mithilfe von →Computern können sie Stadtpläne aufrufen und erhalten eine Übersicht aller Einsatzfahrzeuge, die unterwegs sind. So können sie auswählen, welche Wagen ausrücken sollen. Per Tastendruck wird in der gewählten Feuerwache dann Alarm geschlagen. Dort ertönt ein Gong und ein Alarmlicht geht an. Feuerwehrleute, die nicht in der Wache sind, bekommen über einen Pieper Bescheid. Während des Einsatzes halten die Mitarbeiter der Einsatzleitstelle mit Funkgeräten (→Funkwellen) ständigen Kontakt zum Einsatzleiter am Unfallort. Dieser kann, wenn es nötig ist, mit seinem Funkgerät weitere Hilfe anfordern.

## Beim Unfalleinsatz

Bei einem Unfalleinsatz kommt häufig der Rüstwagen zum Einsatz. Er ist mit jeder Menge Spezialwerkzeug wie zum Beispiel der Rettungsschere und dem Rettungsspreizer ausgestattet. Mit beiden Geräten können eingeklemmte Menschen und Tiere befreit werden. Die Rettungsschere kann dicke Stahlteile wie etwa die Säulen eines Autodachs zerteilen. Der Rettungsspreizer drückt Autotüren und andere Blechteile auseinander. Da für beide Rettungsgeräte viel →Kraft aufgewendet werden muss, werden sie mittels →Hydraulik gesteuert. Dazu wird über Schläuche Wasser oder Öl in einen →Zylinder im Inneren der Geräte gepumpt (→Pumpe). Die Flüssigkeit gerät dabei unter Druck und bewegt so einen Kolben, der im Zylinder sitzt. Dieser gibt die Bewegung an die Geräte weiter.

Bei einem **Unfalleinsatz** wird oft auch die Rettungsschere gebraucht. Sie muss festgehalten werden, arbeitet aber hydraulisch (→Hydraulik).

# Bei der Polizei

## Polizeiauto

Ein Polizeiauto besitzt ein Blaulicht (→Licht), ein Martinshorn und ein Funkgerät (→Funkwellen). Das Blaulicht besteht aus einem blauen Plastikgehäuse, in das Blitzleuchten oder LEDs eingebaut sind. LED ist die Abkürzung für Leuchtdioden. Das sind Lämpchen, die weniger Strom als normale →Glühlampen verbrauchen, aber viel heller leuchten. Wenn das Blaulicht an ist, blitzen die Lichter etwa zweimal in der Sekunde. Das Martinshorn ist eine Sirene. Wenn die Polizisten sie per Knopfdruck einschalten, ertönt sie aus dem →Lautsprecher auf dem Autodach. Mithilfe eines eingebauten Funkgeräts halten die Polizisten Kontakt zur Einsatzzentrale. Sprache besteht aus →Schallwellen, die durch das →Mikrofon ins Funkgerät gelangen. Dort werden sie in Funkwellen umgewandelt und an das Funkgerät der Einsatzzentrale gesendet. Dieses wandelt die Funkwellen wieder in Schallwellen um, und die Sprache wird hörbar.

Jedes **Polizeiauto** ist mit Polizeifunk ausgestattet. Er sendet über einen abhörsicheren Kanal. So sind geheime Informationen geschützt.

Misst die **Radarfalle** ein zu hohes Tempo, löst das ein Blitzgerät aus und macht ein Beweisfoto.

## Radarfalle

Eine Radarfalle (→Radar) besteht meist aus einem Radargerät und einem Blitzgerät. Das Radargerät misst mithilfe von Radarwellen die Geschwindigkeit eines heranfahrenden Autos. Sie treffen auf das Auto und werden wie ein →Echo von diesem wieder zurück zum Radargerät reflektiert. Wenn das Auto näher kommt, schieben sich die Radarwellen immer weiter zusammen. Geschieht das zu schnell, erkennt das Radargerät, dass auch das Auto zu schnell fährt. Dann wird das Blitzgerät ausgelöst und macht ein Beweisfoto des Verkehrssünders. Es gibt fest stehende Radarfallen am Straßenrand und solche, die die Polizei nur kurz aufstellt. Manchmal versteckt die Polizei auch eine Radarfalle in einem parkenden Auto und „blitzt“ durch die Heckscheibe. Ein modernes Tempomessgerät ist die Laserpistole. Sie funktioniert ähnlich wie ein Radargerät, sendet aber anstatt Radarwellen →Laserstrahlen aus. Fotos kann man damit allerdings nicht machen. Deshalb hält die Polizei die Raser direkt an.

## Spurensicherung

Bei einem Verbrechen sichert die Kriminalpolizei zuerst den Tatort, damit keine wichtigen Spuren wie etwa Fingerabdrücke zerstört werden. Anhand eines Fingerabdrucks kann die Polizei nämlich Täter entlarven, weil das Rillenmuster bei jedem Menschen anders aussieht. Sichtbar gemacht werden die Fingerabdrücke beispielsweise mit Pinsel und Rußpulver. Dieses verteilt sich zwischen den Rillen des Fingerabdrucks. Legt man nun eine Klebefolie auf den Fingerabdruck, wird er beim Abziehen darauf sichtbar. Die Klebefolie wird dann auf eine Spurenkarte aus Karton geklebt. Damit ist der Fingerabdruck gesichert. Jetzt kann die Spurenkarte eingescannt und mit Millionen anderer Abdrücke verglichen werden, die bereits im Polizeicomputer (→Computer) gespeichert sind. Finden die Ermittler Haare oder Blutstropfen am Tatort, können sie im Labor auch eine DNA-Analyse durchführen. Die DNA kommt in jeder Zelle unseres Körpers vor. Sie trägt unsere Erbgutinformationen, die Gene. Diese werden im Labor durch chemische Mittel sichtbar gemacht, sodass ein Muster entsteht. Es ist für jeden Menschen einzigartig. Deshalb wird die DNA-Analyse auch genetischer Fingerabdruck genannt.

Die Mitarbeiter bei der **Spurensicherung** vergleichen die Fingerabdrücke, die bei jedem Menschen einzigartig sind. Selbst die Fingerabdrücke von Zwillingen sind nicht gleich.

### Deine Forscheraufgabe

Fingerabdrücke kannst du leicht selbst sichern: Drücke einen Finger auf einen flachen Spiegel. Streue Pfeffer oder Puderzucker auf die Stelle, sodass der Abdruck sichtbar wird. Puste vorsichtig den Pfeffer oder Puderzucker weg, der zu viel ist. Nun kannst du einen breiten durchsichtigen Klebestreifen auf den Abdruck legen und vorsichtig abziehen. Der Fingerabdruck haftet nun am Klebestreifen. Wenn du diesen auf ein weißes Blatt Papier klebst, kannst du deinen Fingerabdruck sehen.

# Auf der Baustelle

Bei einem Spaziergang durch die Stadt kannst du verschiedene Baustellen entdecken. Hinter dem hohen Bauzaun entsteht ein neues Gebäude. Dafür werden viele Maschinen gebraucht. Gerade hebt der Bagger mit dem Tieflöffel die Baugrube aus. Auch im Straßenbau sind die unterschiedlichsten Baumaschinen im Einsatz. Der breite Straßenfertiger trägt heißen Asphalt auf den Untergrund auf. Schon bald können auf der neuen Straße die ersten Autos fahren. Es gibt auch Baustellen unter der Erde, von denen du normalerweise nicht viel sehen kannst. Für einen neuen Tunnel gräbt sich die Tunnelbohrmaschine durch den Untergrund. Diese Maschine ist gewaltig. Bis zu 400 Meter lang kann sie sein! Aber auch schon vor den Zeiten der Tunnelbohrmaschine haben die Menschen Tunnel gebaut. Mit Spitzhacken mussten sie dafür das harte Gestein aus dem Fels schlagen – das dauerte sehr lange und war extrem anstrengend und gefährlich. Die Arbeiter hatten stets Angst, der Tunnel könnte über ihnen zusammenstürzen.

# So wird ein Haus gebaut

Der →Motor des **Radladers** ist hinten untergebracht. Er dient bei schweren Ladearbeiten als Gegengewicht, damit der Radlader nicht umkippt.

## Bagger

Bevor ein Haus in die Höhe wachsen kann, wird für den Bau des Kellers ein tiefes Loch gegraben. Diese Aufgabe übernimmt der Bagger. An seiner Vorderseite hat der Bagger einen langen Arm. Der besteht aus dem Ausleger und dem Löffelstiel. Beide sind über ein Gelenk miteinander verbunden: Hier lässt sich der Baggerarm knicken. An der Vorderseite des Baggerarms können die verschiedensten Werkzeuge befestigt werden, je nachdem, welche Arbeiten der Bagger erledigen soll: Auf der Baustelle wird meist der Tieflöffel eingesetzt. Diese Schaufel eignet sich besonders gut zum Buddeln von tiefen Löchern. Baggerarm und Anbaugeräte bewegt der Bagger mithilfe von Hydraulikzylindern (→Hydraulik). Hydraulikzylinder findest du auch an vielen anderen Baumaschinen.

Der **Bagger** hat ein Raupen- oder ein Radfahrwerk. Mit dem Raupenfahrwerk sinkt er auf matschigem Boden nicht ein, weil sich sein Gewicht gleichmäßig verteilt.

## Radlader

Während der Bagger die Baugrube aushebt, rollt auch schon der Radlader an. Seine Aufgabe ist das Laden und Transportieren von Erde oder Kies. Dafür ist er an seiner Vorderseite mit einer großen Ladeschaufel aus Stahl ausgestattet. Sie ist mit einem Ausleger am Fahrzeug befestigt. Die Ladeschaufel lässt sich leicht gegen andere Anbaugeräte wie die Ladegabel oder den Kehrmaschinenaufsatz austauschen. So kann der Radlader ganz verschiedene Aufgaben übernehmen.

## Schon gewusst?

Beton besteht aus Zement, Wasser, Sand und Kies. Beton hat eine besondere Eigenschaft: Nach dem Mischen ist er erst einmal zähflüssig und lässt sich prima in jede Form gießen, zum Beispiel für Böden, Decken oder Wände. Nach 28 Tagen ist er steinhart geworden. Die Fachleute sagen „Abbinden" dazu.

## Fahrmischer

Ein Fahrmischer bringt den zähflüssigen Beton vom Betonwerk zur Baustelle. Damit der Beton nicht hart wird, dreht sich die Trommel des Fahrmischers die ganze Fahrt lang. Rührwerke in der Trommel halten den Beton so ständig in Bewegung. Auf der Baustelle angekommen wird der Beton entladen: Dafür dreht sich die Trommel in die entgegengesetzte Richtung. Mit jeder Umdrehung befördern die Rührwerke den weichen Beton bis zur Schwenkrinne. Über die kann der Beton aus der Trommel hinausfließen.

Sobald der Beton entladen ist, wird die Trommel des **Fahrmischers** mit Wasser ausgespült.

Zum Abladen drücken Hydraulikzylinder (→Hydraulik) die Ladefläche des **Kippers** nach oben.

## Kipper

Ein Kipper transportiert Erde, Steine und Bauschutt von der Baustelle. Seine Ladefläche ist aus robustem Stahl. Auf die Ladefläche eines großen Kippers passen bis zu 30 Kubikmeter Erde. Diese Menge würde in 200 großen Badewannen Platz finden. Auf Großbaustellen und im Tagebau werden Riesen-Muldenkipper eingesetzt. Die größten unter ihnen sind über acht Meter hoch und über neun Meter breit. Das ist so groß wie ein Einfamilienhaus. Der Fahrer braucht eine Treppe an der Außenseite des Muldenkippers, um in sein Führerhaus zu kommen.

# So wird ein Haus gebaut

Der Mast der **Autobetonpumpe** (→Pumpe) besteht aus beweglichen Gliedern. So lässt er sich leicht zusammenklappen, wenn er nicht gebraucht wird.

### Deine Forscheraufgabe

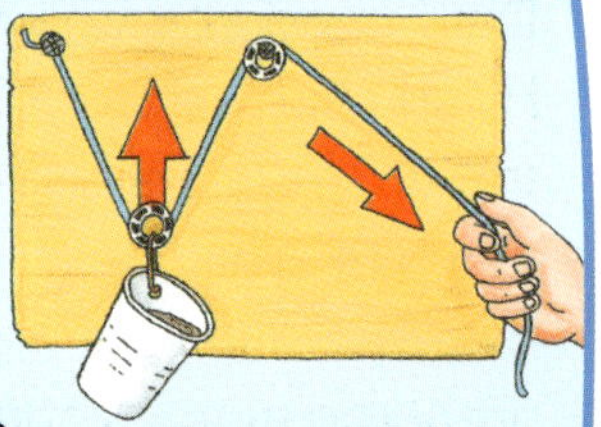

Nagele eine Garnrolle an ein Brett und lege eine Schnur darüber. Hämmere einen Nagel neben die Garnrolle und befestige das eine Schnurende daran. Hänge dann eine zweite Garnrolle mit einem Gewicht in die Schnur. Wenn du nun am anderen Schnurende ziehst, kannst du das Gewicht mit deinem →Flaschenzug leicht hochheben.

## Autobetonpumpe

Der Name der Autobetonpumpe (→Pumpe) ist eine Kombination aus Automobil und Betonpumpe. Und das passt sehr gut, denn die Autobetonpumpe ist ein großer Lastwagen mit einer starken Pumpe auf dem Rücken. Mit ihrem beweglichen Mast verteilt sie den Beton, den der Fahrmischer auf die Baustelle gebracht hat. Aus der Schwenkrinne des Fahrmischers fließt der Beton in eine Art Trichter auf der Rückseite der Autobetonpumpe. Eine Pumpe drückt den Beton dann in eine stählerne Rohrleitung. Sie verläuft dicht am Mast. Am Ende der Rohrleitung ist ein drei bis vier Meter langer Gummischlauch befestigt. Mit ihm können die Bauarbeiter den Beton leicht verteilen. Damit die Autobetonpumpe während der Arbeit nicht umkippt, fährt sie vorher ihre vier stabilen Stützbeine aus. So hat sie auch mit ausgefahrenem Mast einen stabilen Halt.

## Autokran

Der Autokran sitzt huckepack auf einem großen Lkw. So ist er mobil und kann selbst zur Baustelle brausen. Hier fährt er hydraulisch (→Hydraulik) seinen Ausleger aus. Lasten hebt er mithilfe eines →Flaschenzugs empor. Der Autokran ist vor allem bei kurzen Einsätzen gefragt. Dann hebt er etwa Fertigteile aus Beton oder Träger aus Stahl hoch.

Der **Autokran** muss immer gerade stehen. Auf unebenem Boden fährt er seine Stützbeine aus.

## Turmdrehkran

Der Turmdrehkran wird vor allem für das Heben von schweren Lasten wie etwa Stahlträgern oder Betonteilen eingesetzt. Am Fuß des Turms befindet sich der Zentralballast. Das sind schwere Betonteile, die dem Turmdrehkran einen sicheren Halt verleihen. Der Turm selbst besteht aus dünnen, stabilen Metallstreben. Sie machen den Kran leicht und gleichzeitig sehr stabil. Stabil ist er, weil der Wind ungehindert hindurchwehen und den Turmdrehkran so nicht umreißen kann. Die Kabine des Kranführers ist weit oben angebracht. Durch die rundherum eingebauten Fenster hat er immer einen guten Blick auf die gesamte Baustelle. Direkt über der Kabine befindet sich der Ausleger. An ihm fährt ein kleines Gestell auf Rollen entlang.

Auf manchen Baustellen steuert der Kranführer den **Turmdrehkran** vom Boden aus. Dafür nutzt er einen Joystick.

Das Gestell heißt Laufkatze. An der Laufkatze ist ein großer Haken befestigt. Mit ihm hebt der Turmdrehkran die Lasten empor. Dafür nutzt er einen →Flaschenzug. Mit ihm geht das Anheben viel leichter. Dank einer Drehverbindung unterhalb der Kabine lässt sich der Kran einmal im Kreis drehen. So kann er nahezu jede Stelle auf der Baustelle erreichen.

### Schon gewusst?

Ein einfacher →Flaschenzug besteht aus einem Seil, das über eine fest montierte, aber frei bewegliche Rolle läuft. Mit ihm lässt sich ein Gewicht viel leichter emporheben, weil sich durch die Rollen das Gewicht auf zwei Seilstücke verteilt. So muss auch nur die Hälfte der Kraft zum Heben aufgewendet werden.

# So wird eine Straße gebaut

Mit ihrem Raupenfahrwerk kommt die **Planierraupe** zwischen 3 und 12 Kilometer pro Stunde vorwärts.

## Planierraupe

Eine neue Straße braucht einen ebenen Untergrund. Hier kommt die Planierraupe zum Einsatz. Mit ihrem großen Räumschild an der Vorderseite schiebt die Planierraupe Erde, Steine und andere Hindernisse beiseite, verteilt Kies oder füllt Löcher. Bewegt wird der Schild mithilfe von Hydraulikzylindern (→Hydraulik). Weil die Planierraupe meist auf unebenem, matschigem Gelände eingesetzt wird, ist sie mit einem Raupenfahrwerk ausgestattet. Damit verteilt sich das Gewicht des Fahrzeugs gut, und die Raupe rutscht nicht weg. Planierraupen dürfen Straßen nicht benutzen, weil sie mit ihrem Fahrwerk den Asphalt beschädigen würden. Daher bringt sie ein Lkw mit einem besonders flachen Anhänger zur Baustelle.

## Straßenfertiger

Auf ein Bett aus Schotter, Kies, Sand und Splitt trägt der Straßenfertiger den Belag aus Asphalt auf. Asphalt besteht aus kleinen Steinchen und einer dunklen, klebrigen Flüssigkeit aus Erdöl. Lastwagen schütten den heißen Asphalt in den großen Behälter an der Vorderseite des Straßenfertigers.
Ein Förderband transportiert den Asphalt unter der Fahrerkabine hindurch bis zur Verteilerschnecke. Die sieht aus wie eine riesige, in sich gedrehte Nudel. Die Schnecke dreht sich die ganze Zeit. Bei jeder Drehung schiebt sich der Asphalt weiter durch die Windungen der Schnecke. Schließlich hat er sich auf der gesamten Breite des Straßenfertigers verteilt. Aus der Schnecke fällt der Asphalt auf den Boden und muss nun geglättet werden. Dafür sorgt die Bohle, eine lange Leiste hinten am Straßenfertiger. Durch ihr Gewicht und verschiedene eingebaute Geräte presst sie den Asphalt zusammen und macht ihn glatt. Nach einiger Zeit ist er fest.

Der **Straßenfertiger** kommt bei seiner Arbeit nur vier bis acht Meter pro Minute voran.

## Walze

Eine Straße besteht aus vielen verschiedenen Schichten. Damit sie später das enorme Gewicht der vielen Fahrzeuge tragen kann, muss jede dieser Schichten robust und widerstandsfähig sein. Dafür wird jede einzelne mit einer Walze verdichtet. Auf ihren zwei Walzenkörpern rollt die Walze langsam über den Untergrund. Dabei drückt sie die Gesteinsteilchen fest zusammen, bis sie ganz eng beieinanderliegen und sich fast keine Hohlräume mehr im Boden befinden. Möglich macht das ihr großes Gewicht. Weit über zehn Tonnen kann die Walze auf die Waage bringen. Das ist so schwer wie zehn Kleinwagen. Die Walze verdichtet den Untergrund noch besser, wenn der Walzenfahrer die Vibration einschaltet. Dann wackeln die Walzenkörper ganz schnell hin und her und mit ihnen die Gesteinsteilchen im Boden. So entweicht die Luft zwischen ihnen.

Die Walzenkörper der **Walze** werden mit Wasser besprüht. Der Wasserfilm verhindert, dass dort Asphalt haften bleibt.

Die Rüttelplatte ist ein **Gerät zur Bodenverdichtung.**

## Geräte zur Bodenverdichtung

Auch Wege brauchen einen festen Untergrund. Zum Verdichten von diesen kleineren Flächen werden die Rüttelplatte und der Stampfer eingesetzt. Ein Motor sorgt dafür, dass die Rüttelplatte etwa 90- bis 100-mal in der Sekunde hin und her wackelt. Durch diese Vibrationen verschwindet die Luft zwischen den Steinchen im Boden. Dann liegen sie dicht beieinander. Der Stampfer hüpft wie ein großer Frosch auf und ab und stampft so Unebenheiten im Boden platt.

### Deine Forscheraufgabe

Schütte Blumenerde auf eine Pappe. Walze die eine Hälfte mit einem Nudelholz platt. Stelle etwas Schweres wie eine Tüte Milch erst auf die eine, dann auf die andere Hälfte. Was passiert? Die Milchtüte sinkt auf der gewalzten Erde weniger ein. Hier ist der Untergrund verdichtet und trägt das Gewicht besser.

# So werden Tunnel gebaut

Die Planung eines Tunnels inmitten einer Stadt ist besonders aufwendig.

## Planung eines Tunnels

Bevor die Arbeiter mit dem Bau eines Tunnels beginnen können, muss klar sein, welche Art Tunnel gebaut werden soll. Ein Basistunnel durchquert den Fuß eines Berges – also seine Basis. Basistunnel sind ziemlich lang und so auch aufwendig zu bauen. Ein Scheiteltunnel hingegen verläuft weit oben im Gebirge. Er ist viel kürzer als ein Basistunnel, braucht aber eine lange, kurvenreiche Zufahrtsstraße. Dann wird untersucht, ob der neue Tunnel durch harten Fels oder eher sandiges Gestein führen wird. Das ist wichtig zu wissen, denn jedes Material wird anders bearbeitet. Schließlich entscheiden die Planer, wie groß der neue Tunnel sein soll. Sind alle Fragen beantwortet, ist klar, mit welcher Methode der Tunnel gebaut wird: mit Dynamit und Baggern oder mit einer Tunnelbohrmaschine (→Maschine), die genau zum geplanten Tunnel und seiner Umgebung passt.

## Bohrkopf

Die Tunnelbohrmaschine (→Maschine) bohrt Röhren durch Berge oder unter Städten, Flüssen und sogar dem Meer hindurch. Ihr wichtigstes Bauteil ist der Bohrkopf. Diese manchmal haushohe Metallscheibe sitzt ganz vorne und ist mit vielen Abbauwerkzeugen bestückt. Die Schälmesser sind zum Beispiel scharfe „Zähne" aus Metall. Starke Elektromotoren (→Motor) versetzen den Bohrkopf in Bewegung. Bei jeder Drehung lösen die Abbauwerkzeuge das Gestein oder die Erde ab. Das abgelöste Material rutscht durch Öffnungen hinter den Bohrkopf. Je nach Art der Tunnelbohrmaschine wird es dann durch die gesamte Maschine und den schon gebohrten Tunnel nach draußen transportiert: trockenes und festes Material mit einer Förderschnecke oder einem Förderband, weiches, wässriges Material mit einem Pumpensystem (→Pumpe).

Der Bohrkopf wird von Hydraulikzylindern (→Hydraulik) fest ins Gestein gedrückt. Die Hydraulikuylinder sitzen hinter dem Bohrkopf.

## Tunnelbohrmaschine

Die Tunnelbohrmaschine (→Maschine) braucht beim Bohren festen Halt, damit sie den Bohrkopf mit dem notwendigen →Druck nach vorne schieben und sich ganz genau auf dem geplanten Kurs nach vorne bewegen kann. Bei Tunnelbohrern für hartes Gestein sorgen dafür zwei mächtige Seitenstützen, die Gripper. Sie werden von Hydraulikzylindern gegen die Tunnelwände gepresst und klemmen so die ganze Maschine im Tunnel fest. Die frisch gebohrte Tunnelstrecke muss in manchen Gebirgen sofort abgestützt werden, damit nichts einstürzt. Deshalb sind viele Tunnelbohrmaschinen mit einem Mattenversetzgerät und einem Betonspritzroboter ausgestattet. Das Mattenversetzgerät hebt gebogene Stahlmatten nach oben und befestigt sie an der Tunneldecke. Dann sprüht der Betonspritzroboter flüssigen Beton über die Matten. Sobald dieser hart geworden ist, sind Beton, Stahlmatten und Tunnelwand fest miteinander verbunden. So kann nichts einstürzen.
Im hinteren Teil der Tunnelbohrmaschine, dem Nachläufer, ist unter anderem der Steuerstand untergebracht. Mithilfe von Computersystemen (→Computer) kann der Fahrer von hier aus die Maschine überwachen und steuern. Tunnelbohrmaschinen können über 400 Meter lang sein. Das ist so lang wie vier Fußballfelder hintereinander. So ein Koloss besteht aus bis zu 90 000 Einzelteilen. Deshalb wird die ganze Maschine beim Hersteller in transporttaugliche Einheiten zerlegt, zur Baustelle gebracht und dort wieder aufgebaut.

### Schon gewusst?

Vier gewaltige Tunnelbohrmaschinen gruben sich zwischen 2003 und 2011 durch die Schweizer Alpen, um den längsten Eisenbahntunnel der Welt zu bauen. Der Gotthard-Basistunnel wird eine Länge von 57 Kilometern haben und soll voraussichtlich im Jahr 2016 fertig sein. Durch die zwei Röhren des Tunnels können dann Schnellzüge mit bis zu 250 Kilometern in der Stunde durch die Alpen fahren. So kommen Reisende schneller von Zürich nach Mailand und umgekehrt.

Eine **Tunnelbohrmaschine** kommt bei ihrer Arbeit pro Tag bis zu 100 Meter vorwärts:
1 Bohrkopf, 2 Mattenversetzgerät, 3 Gripper, 4 Steuerstand, 5 Betonspritzroboter

# So werden Brücken gebaut

## Deine Forscheraufgabe

Mit einem Trick ist sogar ein Blatt Papier stabil genug, um als Brücke ein kleines Gewicht tragen zu können: Falte es dafür wie eine Ziehharmonika und lege es auf zwei Stützen, etwa zwei Bücherstapel. Nun kannst du zum Beispiel eine CD darauf legen, ohne dass die Brücke einbricht.

## Stabilität

Über eine Brücke sollen jede Menge Autos, schwere Lastwagen oder Züge brausen. Eine Brücke muss also ein großes Gewicht tragen können. Das ist gerade in der Mitte einer Brücke wichtig. Wenn du schon einmal einen Bach auf einem langen Brett überquert hast, dann weißt du, dass es vor allem in der Mitte des Brettes sehr wackelig sein kann, da sich das Brett an dieser Stelle durchbiegt. Bei vielen großen Brücken tragen hier Pfeiler einen Teil des Gewichtes. Andere Brücken haben spezielle Bauformen, die für Stabilität sorgen.

## Balkenbrücke

Ein Brett über den Bach ist eine ganz einfache Form der Balkenbrücke. Bei einer Balkenbrücke liegt die Fahrbahn wie ein Balken direkt auf den Stützpfeilern. Moderne Balkenbrücken werden heute meist aus Beton gebaut. Weil Beton allein nicht stabil genug wäre, erhält er eine sogenannte Bewehrung. Die besteht aus Stäben oder Matten aus Stahl, die in den Beton eingebettet sind. Beton und Bewehrung zusammen machen die Brücke so stabil, dass sie mühelos das Gewicht der vielen Fahrzeuge tragen kann. Und wie werden diese Brücken errichtet? Eine Möglichkeit ist das Taktschiebeverfahren. Dafür stellen Arbeiter am Rand der Brücke zunächst einzelne etwa 20 bis 30 Meter lange Teile der Fahrbahn her. Sie werden dann nacheinander ganz langsam auf die Brückenpfeiler geschoben. So wächst die Brücke Stück für Stück über das Tal.

Die Balkenbrücke ist die älteste Art einer Brücke.

Die Römer bauten schon vor über 2000 Jahren Bogenbrücken aus Stein – nicht nur für Fuhrwerke, sondern auch für ihre Wasserleitungen.

## Bogenbrücke

Über einen langen Zeitraum wurden Bogenbrücken vor allem aus Stein gebaut. Damit die vielen Steine zusammen einen stabilen Unterbau bilden, wurden sie auf einem Holzgerüst als halbkreisförmiger Bogen angeordnet. Nach getaner Arbeit konnten die Arbeiter das Gerüst entfernen: Die Steine stützten sich nun gegenseitig. Moderne Bogenbrücken sind oft aus Stahl oder Beton. Sie lassen sich schneller bauen und sind günstiger.

### Schon gewusst?

Die Brückenpfeiler und die einzelnen Teile der Fahrbahn werden aus flüssigem Beton gegossen. Dafür stellen Bauarbeiter zunächst eine Form aus Brettern auf. Sie wird Verschalung genannt. Dann füllen die Arbeiter den Beton ein. Sobald der Beton fest geworden ist, können sie die Verschalung wieder entfernen.

## Hängebrücke

Mit Hängebrücken können besonders große Entfernungen überbrückt werden. Moderne Hängebrücken überspannen mehrere Tausend Meter. Die Fahrbahn der Hängebrücke wird von dicken Kabelsträngen (→Kabel) getragen. Die Kabelstränge bestehen aus vielen Stahlseilen. Jedes einzelne Stahlseil setzt sich wiederum aus jeder Menge Stahldrähten zusammen. Ein einzelner Kabelstrang kann 40 Zentimeter und mehr dick sein. Diese Kabelstränge tragen problemlos das große Gewicht der Fahrbahn und der darüberrollenden Fahrzeuge. Zwischen den einzelnen Stützpfeilern, den sogenannten Pylonen, werden meist zwei Kabelstränge gespannt. Brückenbauer machen die Kabelstränge an den beiden Ufern im Boden fest. Dann wird die Fahrbahn mit Stahlseilen oder Stahlstangen an den Tragkabeln befestigt.

Die Golden Gate Bridge in San Francisco in den USA ist eine der bekanntesten Hängebrücken der Welt.

RAPIDO

# Unterwegs auf Straße, Schiene und Wasser

Auf unseren Straßen ist immer viel Betrieb: Im Auto fahren wir zum Beispiel zur Arbeit oder zum Einkaufen. Mit ihren Zweirädern bewegen sich Motorradfahrer über den Asphalt. Damit es im Straßenverkehr nicht zu Zusammenstößen kommt, regeln Ampeln den Verkehr. Auch für den Transport von Waren spielen Straßen, Schienen und Wasserwege eine große Rolle: Denn wir nutzen täglich viele Dinge, die in Fabriken auf der anderen Seite der Erde hergestellt wurden. In großen stählernen Containern verpackt machen sie sich auf die Reise: Mit riesigen Containerschiffen geht es über das Meer bis zu einem Hafen bei uns in der Nähe. Große Kräne heben die Container dann auf bereitstehende Lkws oder Güterzüge. Bald kannst du diese Dinge im Supermarkt bei dir um die Ecke kaufen. Der Handel mit fernen Ländern ist aber keine Erfindung der heutigen Zeit: Schon vor vielen Jahrhunderten transportierten die Menschen mit Fuhrwerken Gewürze, kostbare Stoffe und Salz über Handelsstraßen bis nach Europa.

# Das Auto

## Aufbau eines Autos

Autos gibt es in den unterschiedlichsten Bauformen, ihr Aufbau ist jedoch ähnlich. Die Karosserie, die Außenhaut, besteht häufig aus Stahlblech, manche Teile sind auch aus einem robusten Kunststoff. Wenn der → Motor gestartet wird, gibt er seine Bewegung über die Kurbelwelle (→ Welle) und das → Getriebe bis an die beiden → Achsen weiter. So werden die Räder (→ Rad) des Autos angetrieben. Die → Batterie wird zum Starten des Motors gebraucht. Tritt der Fahrer das Bremspedal, drücken die Bremsbeläge auf die Bremsscheiben an den Rädern und bremsen das Auto ab. Heute sind in Autos elektronische Hilfsmittel eingebaut. Die Einparkhilfe zum Beispiel unterstützt den Fahrer beim Einparken: Kommt das Auto dabei einem Hindernis zu nahe, wird der Fahrer durch einen lauten Signalton gewarnt.

Aufbau eines Autos: 1 Karosserie, 2 Stoßdämpfer, 3 Motor, 4 Getriebe, 5 Hinterachse, 6 Batterie, 7 Bremsscheibe und Bremsbelag

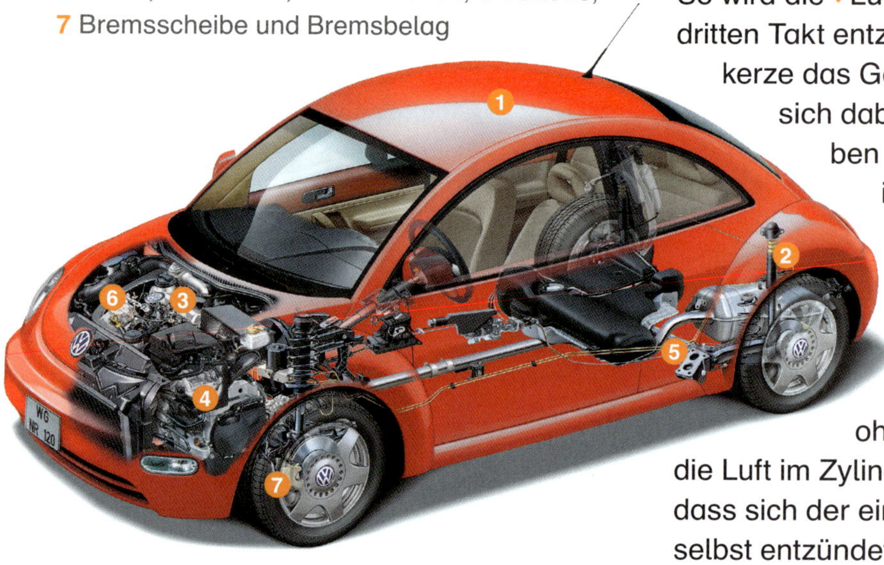


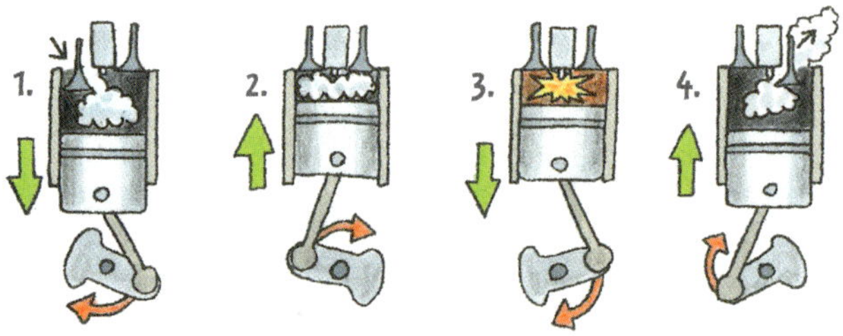


Der Verbrennungsmotor (Ottomotor) arbeitet in vier Takten.

## Verbrennungsmotor

Ein → Motor sorgt für den nötigen → Antrieb. Es gibt verschiedene Arten von Verbrennungsmotoren. Am bekanntesten sind der Ottomotor und der Dieselmotor. Beide arbeiten nach dem gleichen Prinzip. In einem → Zylinder wird Kraftstoff verbrannt und so ein Kolben nach oben und unten bewegt. Die → Verbrennung läuft in vier Takten ab. Beim Ottomotor wird im ersten Takt Luft vermischt und mit Kraftstoff durch das Einlassventil (→ Ventil) in den Zylinder gesaugt. Der Kolben im Inneren des Zylinders presst das Luft-Kraftstoff-Gemisch (→ Gemisch) im zweiten Takt stark zusammen. Das nennt man auch Verdichten. So wird die → Luft im Zylinder sehr heiß. Im dritten Takt entzündet ein Funken der Zündkerze das Gemisch. Die → Gase dehnen sich dabei aus und drücken den Kolben nach unten. Eine Bewegung ist entstanden. Im vierten Takt werden die Abgase aus dem Zylinder ausgestoßen. Dann beginnt der Kreislauf von vorne. Der Dieselmotor kommt ohne Zündkerze aus. Hier wird die Luft im Zylinder beim Verdichten so heiß, dass sich der eingespritzte Kraftstoff von selbst entzündet.

## Getriebe

Ein →Getriebe überträgt die Bewegung des →Motors an die Antriebsräder (→Antrieb, →Rad) des Autos. Dafür arbeiten Zahnräder zusammen. Greifen zwei verschieden große Zahnräder ineinander, dreht sich das kleinere schneller als das größere. So kann aus einer langsamen Bewegung eine schnelle werden und umgekehrt. Autos haben ein Automatik- oder ein Schaltgetriebe. Ein Getriebe funktioniert ähnlich wie die Kettenschaltung eines Fahrrades. Beim Schaltgetriebe wechselt der Fahrer mit der Gangschaltung die Zahnräder: In einem kleinen Gang werden große Zahnräder genutzt, das Auto fährt langsam. In einem höheren Gang greifen die kleineren Zahnräder, das Auto wird schneller. Vor dem Wechseln des Gangs muss der Fahrer das Kupplungspedal treten. So werden beim Schalten die Zahnräder nicht beschädigt.

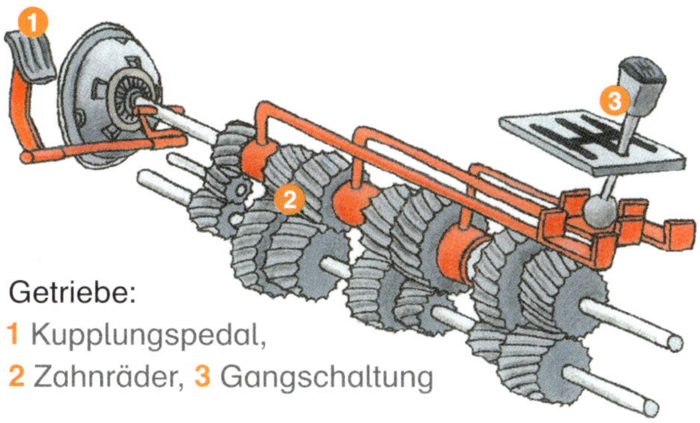


Getriebe:
1 Kupplungspedal,
2 Zahnräder, 3 Gangschaltung

## Schon gewusst?

In der Autofabrik werden erst die Einzelteile des Autos aus Stahlblech hergestellt. Roboter schweißen die Teile auf einem Fließband zur fertigen Auto-Karosserie zusammen. Sie wird farbig lackiert. In einer anderen Halle ist das Fahrgestell mit dem →Motor zusammengebaut worden. Nun kommt es zur „Hochzeit“: Die Karosserie wird auf das Fahrgestell gesetzt. Arbeiter fügen zum Schluss noch Scheiben, Räder (→Rad), Scheinwerfer und Türen ein.

## Airbags

Der Begriff „Airbag“ heißt auf Deutsch „Luftsack“. Die Airbags verbergen sich im Lenkrad, im Armaturenbrett vor dem Beifahrersitz und in den Seiten. Bei einem Unfall blasen sie sich blitzschnell zu einer Art Kissen auf und durchbrechen dabei die Kunststoffverkleidungen. So schützen die Airbags die Insassen vor Verletzungen.

Bei einem Crashtest sitzen lebensgroße Puppen im Auto. Beim Aufprall öffnet sich der Airbag. Ein →Computer speichert die Geschehnisse.

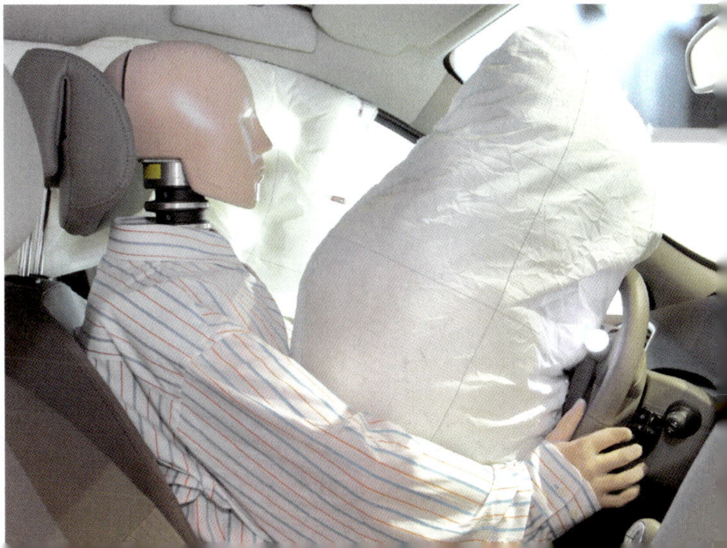

# Auf der Straße

### Schon gewusst?

An vielen Kreuzungen regeln Ampeln den Verkehr. Viele Ampeln sind mit einem Kontaktstreifen am Boden verbunden: Fährt ein Auto auf eine rote Ampel zu, weiß ein kleiner →Computer in der Ampelanlage, dass die Ampel auf Grün schalten muss, wenn es der übrige Verkehr zulässt.

## Lkw

Jeden Tag müssen sehr viele Waren transportiert werden: Lebensmittel genauso wie neue Autos oder unterschiedlichste Baumaterialien. Den Transport übernehmen Lastkraftwagen, kurz Lkws, Güterzüge oder Schiffe. Lkws können zwar nicht so viel auf einmal befördern wie Züge oder Schiffe, dafür ist es ihnen aber meist möglich, ihre Waren direkt ans Ziel zu bringen. Denn ein Lkw kann im Unterschied zu Schiffen oder Zügen meist vor die Haustür fahren.
Ein Lkw hat an seiner Vorderseite eine Fahrerkabine. Von dort wird der Lkw gesteuert. In vielen Fahrerkabinen gibt es ein Bett. Dann kann der Fahrer in seinem Lkw übernachten. Das ist praktisch, denn häufig muss er weite Strecken zurücklegen, die mehrere Tage dauern. Unter der Fahrerkabine hat der →Motor seinen Platz. Meist sind Lkws mit starken Dieselmotoren ausgestattet. Bis zu 500 →PS können sie haben, also etwa 6-mal so viel wie ein Kleinwagen. Hinter der Fahrerkabine befindet sich die Ladefläche, die Aufbau heißt. Weil Lkws für den Transport der unterschiedlichsten Dinge eingesetzt werden, gibt es die verschiedensten Aufbauten: Beim festen Aufbau ist die Ladefläche fest mit dem Fahrgestell verbunden. Ein großer Kasten aus dicken Planen oder festen Wänden sitzt wie ein riesengroßer Koffer auf der Ladefläche. Andere Lkws sind zum Beispiel mit Tanks ausgerüstet, in denen sie Flüssigkeiten befördern. Wieder andere haben gar keine eigene Ladefläche. Der Sattelschlepper besteht nur aus der Fahrerkabine und einer kleinen Plattform mit der Sattelkupplung. An der Kupplung können ein oder mehrere Anhänger befestigt werden. Ein Sattelschlepper mit Anhänger heißt Sattelzug. Ein Sattelzug kann mit seiner Ladung bis zu 40 Tonnen wiegen. Das ist etwa so schwer wie acht große Elefanten!

Im Inneren eines Kühl-Lkws bleiben Lebensmittel, aber auch Schnittblumen länger frisch.

Ausstattung eines verkehrssicheren Fahrrads:
1 Scheinwerfer, 2 Gangschaltung, 3 Reflektoren, 4 Pedale, 5 Kette, 6 Zahnrad, 7 Rücklicht

## Fahrrad

Hier bist du als Fahrer der →Motor und musst kräftig in die beiden Pedale treten. So dreht sich das große Zahnrad (→Rad) dazwischen. Eine Kette gibt diese Drehbewegung an das Zahnrad am Hinterrad weiter. Es bewegt sich – und los gehts! Bei Fahrrädern mit Gangschaltung kann die Kette auf verschieden große Zahnräder gelegt werden. Inzwischen gibt es auch Fahrräder, die mit einem kleinen Elektromotor ausgestattet sind.

### Schon gewusst?

Navigationssysteme helfen dabei, unterwegs den richtigen Weg zu finden. Ein eingebauter Minicomputer (→Computer) berechnet die Strecke zum Ziel und zeigt sie auf dem →Display an. Die eigene Position berechnet das System mithilfe von Informationen, die →Satelliten auf die Erde funken.

## Motorrad

Für den →Antrieb eines Motorrades sorgt meist ein starker, kleiner Ottomotor (→Motor), der hinter dem Vorderrad (→Rad) seinen Platz hat. Er funktioniert genauso wie der Ottomotor in einem Auto. Der Motor gibt seine Drehbewegung über eine Kette an das Hinterrad des Motorrads weiter. Das Motorrad hat jeweils am Vorder- und am Hinterrad eine Bremse. Bremst der Fahrer, werden wie beim Auto die Bremsbeläge gegen die Bremsscheiben gedrückt. Bei Fahrten durch Kurven ist Körpereinsatz gefragt. Je schneller der Fahrer durch die Kurve fährt, umso mehr muss er sich in Richtung der Kurve zur Seite neigen. So gleicht er die Fliehkraft aus, die ihn in der Kurve nach außen drückt. Diese Wirkung kennst du von Fahrten im Karussell.

Große Sportmotorräder sind mit Motoren von über 100 PS ausgestattet.

# Der Zug

## Lokomotive

Eine Lokomotive ist das Antriebsfahrzeug (→Antrieb) eines Zuges. Du findest sie meist ganz vorne am Zug. Die Lokomotive zieht die angehängten Eisenbahnwaggons. Um das enorme Gewicht bewegen zu können, braucht die Lok mehrere starke →Motoren. Diese Aufgabe übernehmen meistens Elektromotoren. Sie werden über Stromleitungen mit →elektrischem Strom versorgt. Weil diese Leitungen an hohen Masten über den Schienen hängen, heißen sie Oberleitungen. Auf dem Dach der Lokomotive sind die Stromabnehmer angebracht. Sie drücken von unten gegen die Oberleitungen. So gelangt der Strom bis in die Motoren der Lokomotive. Weil der Bau von Oberleitungen sehr teuer ist, lohnt er sich nur für viel befahrene Strecken.

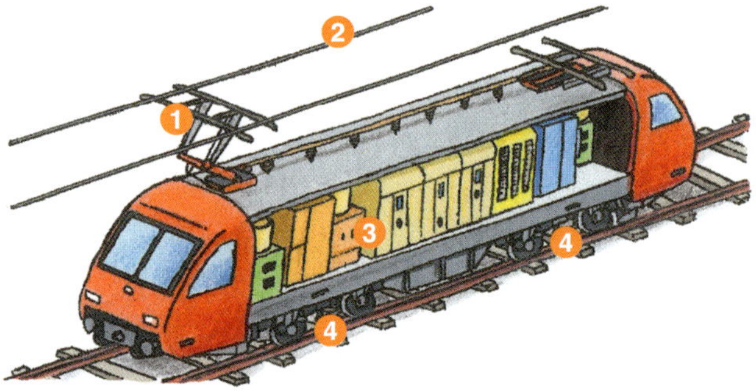


Elektrolokomotive: 1 Stromabnehmer, 2 Oberleitung, 3 Antriebstechnik, 4 Elektromotoren

Auf Nebenstrecken sind stattdessen Dieselloks unterwegs. Sie werden von einem Dieselmotor angetrieben. Dieselloks müssen wie Autos betankt werden. Dafür gibt es besondere Lok-Tankstellen mit extra großen Zapfsäulen. In den Tank einer durchschnittlichen Diesellok passen 3000 Liter Treibstoff und mehr. Damit kommt sie etwa 1000 Kilometer weit.

Eine Weiterentwicklung der Lokomotive ist der Triebwagen. Er ist eine Mischung aus Lok und normalem Waggon. Am Anfang und am Ende des Zuges gibt es einen Führerstand, in dem der Lokführer sitzen kann. Dazwischen ist Platz für die Passagiere – hier sieht es aus wie in einem normalen Waggon. Triebwagen werden vor allem als Nahverkehrszüge eingesetzt.

### Schon gewusst?

In vielen Ländern bringen Hochgeschwindigkeitszüge ihre Passagiere blitzschnell ans Ziel. Seit 1964 flitzen die Shinkansen-Züge durch Japan. Dabei erreichen sie heute Geschwindigkeiten von 320 Kilometern pro Stunde. Der französische Schnellzug TGV kann genauso schnell fahren. Ein besonderer Zug des TGVs hält sogar den Geschwindigkeitsweltrekord: Bei einer Testfahrt fuhr er mit einer Geschwindigkeit von 574,8 Kilometern in der Stunde!

In Deutschland kann ein Güterzug bis zu 740 Meter lang sein.

## Hochgeschwindigkeitszug

Mit über 300 Kilometern in der Stunde rasen Hochgeschwindigkeitszüge über die Schienen. Das ist so schnell wie ein Formel-1-Wagen. Auf deutschen Schienen ist der Intercity Express unterwegs. Diesen Zug kannst du an seiner weißen Farbe und dem roten Längsstreifen erkennen. Er wird abgekürzt ICE genannt. Wie alle Hochgeschwindigkeitszüge auch ist der ICE windschnittig geformt. Seine Wagen gehen fast nahtlos ineinander über. Seine lang gezogene „Nase“ sorgt zusätzlich dafür, dass der Wind fast ungehindert am Zug vorbeifließen kann und ihn nur wenig abbremst (→Luftwiderstand). Anders als ein herkömmlicher Zug wird der ICE nicht von einer normalen Lok gezogen. Er hat stattdessen Triebköpfe. Der vordere Triebkopf zieht den Zug. Ein zweiter Triebkopf am Ende des Zuges fährt rückwärts und schiebt. Bei neueren ICEs befinden sich die →Motoren nicht in Triebköpfen, sondern verteilen sich unter den Waggons auf der gesamten Länge des Zuges. Darum können Fahrgäste auch hinter dem Führerstand sitzen.

Auf sehr kurvenreichen Strecken werden Hochgeschwindigkeitszüge mit Neigetechnik eingesetzt: Sie neigen sich wie dieser ICE zur Seite.

## Güterzug

Züge transportieren nicht nur Personen, sondern auch Waren quer durchs Land. Güterzüge sind oft sehr lang und bis zu 6000 Tonnen schwer. Das ist so viel, wie 150 sehr große Lkws wiegen. Aus diesem Grund werden sie dann sogar von zwei Lokomotiven gezogen. Je nachdem, welche Waren befördert werden, sehen die Güterwaggons ganz unterschiedlich aus: In den bauchigen Kesselwagen zum Beispiel werden Flüssigkeiten oder Gase transportiert. Offene Güterwagen mit ihren stabilen Seitenwänden aus Metall eignen sich besonders zum Transport von losen Dingen wie Sand, Erde, Holz oder Papier. Viele Güter werden auch in großen, rechteckigen Metallboxen, den Containern, befördert. Sie finden Platz auf flachen Güterwagen. In Containerbahnhöfen werden sie dann zum Beispiel für den Weitertransport auf Lkws oder Containerschiffe umgeladen. Sogar ein ganzer Zirkus wird mit einem Güterzug transportiert. Er ist über 700 Meter lang, damit die über 80 Zirkuswagen alle verstaut werden können.

# Auf der Schiene

Eine Weiche ist eine Schiene mit Abzweigung: Je nachdem, wie die Weiche gestellt ist, kann der Zug hier auf ein anderes Gleis fahren.

## Gleis

Auf der ganzen Erde rollen Züge auf Gleisen durch das Land. Fast überall in Europa ist der Abstand zwischen den beiden Schienensträngen 1435 Millimeter, also knapp 1,50 Meter, groß. Das ist die „Normalspur". Es gibt auch Schmalspurbahnen. Hier liegen die Schienen enger zusammen.
Die Schienen bestehen aus Stahl. Verlegt sind sie meist auf einem Bett aus Schotter mit darüberliegenden Bohlen aus Holz oder Beton. Die Bohlen werden auch Schwellen genannt. Gleise müssen ständig kontrolliert und bei Bedarf ausgebessert werden.
Auf Hochgeschwindigkeitsstrecken liegen die Schienen auf einem Betonuntergrund. Diese feste Fahrbahn muss nicht so oft repariert werden.

## Schon gewusst?

Auf der Schiene regeln → Signale den Verkehr: Heute sind es meist Lichtsignale. Bei rotem Licht muss der Zug stoppen, bei grünem darf er weiterfahren. Weil Züge so schwer sind, dauert es lange, bis sie beim Bremsen zum Stillstand kommen. Da Züge also nicht so schnell anhalten können, gibt es die Vorsignale. Sie zeigen bereits 1000 Meter vor dem Hauptsignal an, in welcher Farbe dieses leuchten wird.

## Stellwerk

Stellwerke stehen meist in der Nähe von Bahnhöfen. Die Mitarbeiter sorgen für freie Fahrt auf den Schienen. Sie stellen alle → Signale und Weichen so, dass Fahrstraßen entstehen. Dadurch führen sie den Zug zum richtigen Gleis im Bahnhof. Es darf immer nur ein Zug auf jeder Fahrstraße unterwegs sein. Alle anderen Weichen, die auf die Fahrstraße führen, werden blockiert.

Das Stellen der Weichen und Signale im Stellwerk geht heute oft ganz bequem am → Computer.

Versäumt der Lokführer, das Fußpedal der **Zugsicherung** „Sifa" loszulassen, leuchtet zunächst eine der weißen Lampen im Führerstand der Lok. Dann ertönt ein lauter Warnton.

Die **Zugbremsen** verteilen sich über die gesamte Länge des Zuges. Sie befinden sich an den Rädern der Waggons: **1** Bremsklötze, **2** Rad, **3** Achse

## Zugsicherung

Züge haben verschiedene Sicherungssysteme. Sie verhindern zum Beispiel, dass ein Zug ein Haltesignal (→Signal) überfährt oder mit einem anderen Zug zusammenstößt. Eines von ihnen ist die Sicherheitsfahrschaltung. Sie wird oft einfach „Sifa" genannt. Während der Fahrt muss der Lokführer einen Schalter oder ein Fußpedal gedrückt halten und alle 30 Sekunden kurz loslassen. Macht er das nicht, hält der Zug nach zwei Warnmeldungen automatisch an.

### Schon gewusst?

Wenn du einen Ball über den Boden rollst, wird er immer langsamer und bleibt irgendwann liegen. Abgebremst wird er durch die Reibung (→Kraft). Sie tritt zum Beispiel dann auf, wenn ein Gegenstand auf einem Untergrund gleitet oder rollt. Je unebener dabei die Oberflächen sind, umso größer ist die Reibung und umso stärker wird der Gegenstand gebremst.

## Zugbremsen

Ein Zug hat verschiedene starke Bremsen. Eine von ihnen ist die Druckluftbremse. Sie funktioniert mithilfe von stark zusammengedrückter →Luft, das ist die Druckluft. Diese wird in einem Behälter in der Lok erzeugt. Die Druckluft strömt durch ein Rohrsystem bis zu den Waggons. Will der Lokführer bremsen, betätigt er einen Hebel. Jetzt entweicht ein Teil der Druckluft aus den Rohren. Durch das Ablassen der Luft werden die Bremsklötze gegen die Räder (→Rad) der Wagen gedrückt. Da die →Reibung zwischen beiden Oberflächen sehr stark ist, wird der Zug abgebremst. Zusätzlich zur Druckluftbremse sind Züge noch mit weiteren Bremsen ausgestattet: Die Wirbelstrombremse zum Beispiel funktioniert mit →elektrischem Strom. Weil sie besonders stark ist, wird sie vor allem in Hochgeschwindigkeitszügen eingesetzt.

# Auf dem Wasser

## Segelschiff

Ein Segelschiff wird von der →Kraft des Windes angetrieben. Dafür ist es mit Segeln ausgestattet. Zuerst müssen die Segel gesetzt, also aufgespannt werden. Bläst nun der Wind gegen den Stoff der Segel, drückt er das Schiff nach vorne.
Moderne Segelboote haben meist einen einzelnen Mast, an dem das große dreieckige Großsegel und das kleinere Vorsegel befestigt sind. Mithilfe verschiedener Leinen, der Schoten, können die Segel anders eingestellt werden. So lässt sich die Geschwindigkeit ändern. An der Schiffsunterseite zieht ein Gewicht, die Ballastbombe, nach unten. Sie hält das Schiff stabil im Wasser. Zum Steuern ist das Segelschiff mit einem Ruder ausgestattet.

Jahrhundertelang wurde die Windkraft als Antrieb für **Segelschiffe** benutzt. Heute ist Segeln vor allem ein Sport.

Ein **Kreuzfahrtschiff** kann bis zu 300 Meter lang und 80 Meter hoch sein.

## Kreuzfahrtschiff

Ein Kreuzfahrtschiff ist eine Art schwimmendes Hotel. Besonders große Kreuzfahrtschiffe wie die berühmte Queen Mary II beherbergen oft mehr als 2500 Menschen.
Die Schiffe bieten Menschen eine Möglichkeit, Urlaub auf dem Wasser zu machen. Restaurants, Swimmingpools und Geschäfte sorgen für Abwechslung an Bord.

### Schon gewusst?

Ein Schiff drückt Wasser beiseite. Diesen Effekt nennt man Verdrängung. Das Wasser versucht zurückzuströmen und drückt dabei gegen den Rumpf des Schiffes. Diese Kraft heißt Auftrieb. Durch sie schwimmt das Schiff. Es wird sozusagen vom verdrängten Wasser getragen.

Verdrängung: Auftrieb:

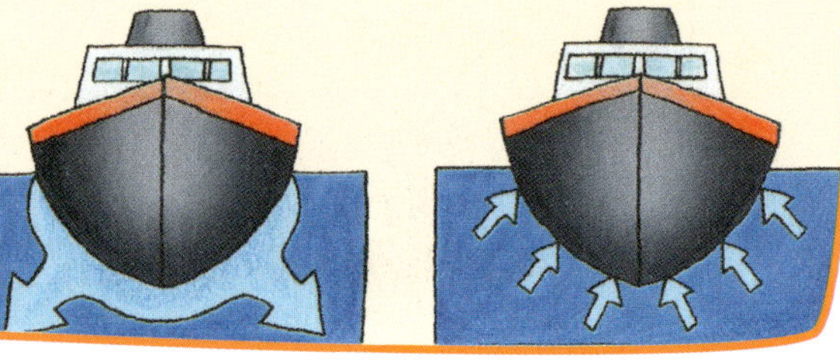

## Containerschiff

In Containern lassen sich Waren besonders gut befördern. An Land übernehmen Güterzüge und Lkws den Transport, auf dem Meer werden besondere Containerschiffe eingesetzt. Im Containerhafen heben Ladekräne die Metallboxen an Bord. Weil es Container überall auf der Welt nur in zwei Maßen gibt, können sie wie riesige Bauklötze aufeinandergestapelt werden. So sind die Waren platzsparend verstaut. Dann kann es losgehen. Vorwärts bewegt werden die meisten Schiffe unter Wasser von Schiffsschrauben. Sie sitzen am hinteren Teil des Schiffes, dem Heck. Schiffsschrauben sind eine Art →Propeller. Ein riesiger →Motor setzt die Schiffsschraube über die Antriebswelle (→Antrieb, →Welle) in Bewegung. Durch die Drehung saugen die gewölbten Flügel des Propellers vorne Wasser an und drücken es nach hinten weg: Es entsteht ein kräftiger Rückstoß (→Rückstoßprinzip), der das Schiff nach vorne schiebt.

Große **Containerschiffe** können über 12 000 Container transportieren.

An Bord der **Fähre** gelangen die Fahrzeuge über eine Rampe und eine große Bugklappe vorn am Schiff.

## Fähre

Eine Fähre bringt Fahrzeuge und Personen über Flüsse, Seen oder auch Strecken über das Meer. Große Fähren haben extra Autodecks, also eigene Etagen für Fahrzeuge. Weil diese so schwer sind, befinden sich die Autodecks meist im unteren Teil der Fähre. Nur so liegt sie stabil im Wasser. Über dem Autodeck befinden sich Decks für die Passagiere und die Kommandobrücke. Von hier aus steuert der Kapitän das Schiff.

### Deine Forscheraufgabe

Die Form entscheidet darüber, wie gut ein Gegenstand schwimmt. Nimm dir ein Knetgummistück. Wie musst du es formen, damit es nicht untergeht?

SKYTEAM
144
34
Fraport
0030

3

# Auf dem Flughafen

Am Himmel über dem Flughafen herrscht reger Verkehr. Eine große Passagiermaschine beginnt gerade mit dem Landeanflug. Die Maschine bringt Urlauber zurück nach Hause. Nachdem sie sicher gelandet ist, folgt sie dem gelb-schwarzen Follow-me-Fahrzeug zur richtigen Parkposition auf dem Vorfeld. Auf der Startbahn macht sich eine Frachtmaschine zum Starten bereit. Der Pilot gibt kräftig Gas, laut heulen die Triebwerke des Flugzeugs. Rasch wird die Maschine schneller, bis sie schließlich abhebt.
Rund um die Uhr sind viele Tausend Flugzeuge in der Luft unterwegs, denn das Flugzeug ist heute das wichtigste und schnellste Verkehrsmittel. Doch das war nicht immer so. Unzählige gescheiterte Versuche und abenteuerliche Konstruktionen waren nötig, bis sich die Menschen den „Traum vom Fliegen“ erfüllen konnten. Zwischen selbst gebauten Vogelflügeln und hölzernen Flugapparaten bis hin zum ersten gesteuerten Motorflug Anfang des 20. Jahrhunderts liegt ein sehr langer Zeitraum.

# Das Flugzeug

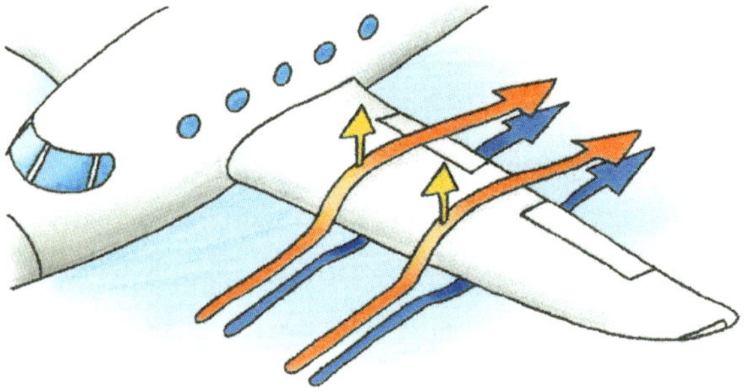

Die besondere Form der Flügel sorgt unter anderem für den Auftrieb.

## Auftrieb

Ein Flugzeug kann viele Hundert Tonnen wiegen. Wie schafft es so ein Koloss, vom Boden abzuheben und in der Luft zu bleiben? Dafür sorgt neben dem Triebwerk unter anderem der →Auftrieb. Der Auftrieb entsteht durch die besondere Form und die Lage der Flugzeugflügel. Der Experte nennt sie Tragflächen. Die Tragflächen sind nach oben gewölbt. Beim Start bewegt sich das Flugzeug ganz schnell vorwärts. Deshalb strömt an den Tragflächen viel →Luft vorbei. Dabei muss die Luft, die an der Oberseite vorbeiströmt, einen weiteren Weg zurücklegen als die Luft, die an der Unterseite vorbeifließt. Weil die Luft an der Oberseite deshalb schneller strömt, entsteht ein Sog, der das Flugzeug regelrecht nach oben „zieht".

## Triebwerk

Damit ein Flugzeug fliegen kann, ist auch ein →Antrieb wichtig, der es vorwärtsbewegt. Die meisten großen Flugzeuge haben dafür Düsentriebwerke (→Düse), die nach dem →Rückstoßprinzip funktionieren. Das kennst du, wenn du einen aufgeblasenen Luftballon loslässt: Die →Luft entweicht mit →Kraft durch die Öffnung. Der Ballon schießt nach vorn. So einfach ist es beim Triebwerk aber nicht. Zusätzlich ist auch Treibstoff nötig. Im Düsentriebwerk saugt ein großes →Gebläse an der Vorderseite Luft an. Die Luft wird in den →Kompressor geleitet und dort verdichtet, das heißt ganz fest zusammengedrückt. Dann strömt sie in die Brennkammer. Hier wird die verdichtete Luft zusammen mit dem eingespritzten Treibstoff entzündet. Es kommt zu einer Explosion. Hierbei entstehen Verbrennungsgase (→Verbrennung, →Gas). Durch die Hitze dehnen sie sich stark aus und schießen nach hinten zur →Turbine. Dabei schieben sie das ganze Flugzeug nach vorn. Bevor die heißen Gase aus dem Triebwerk austreten, treiben sie die Schaufeln der Turbine an. Die Turbine setzt den Kompressor und das Gebläse in Gang.

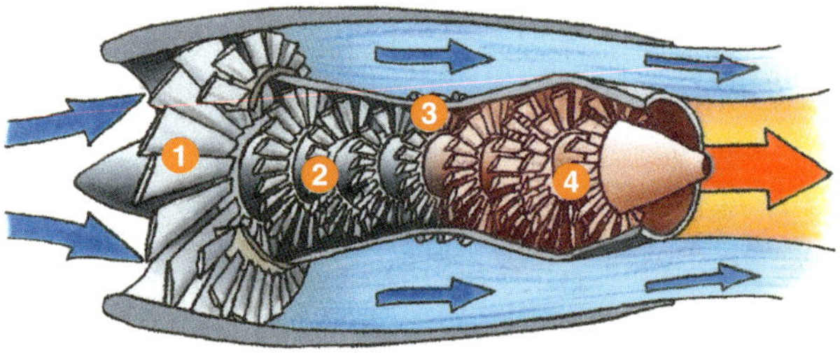


Triebwerk: 1 Gebläse, 2 Kompressor, 3 Brennkammer, 4 Turbine

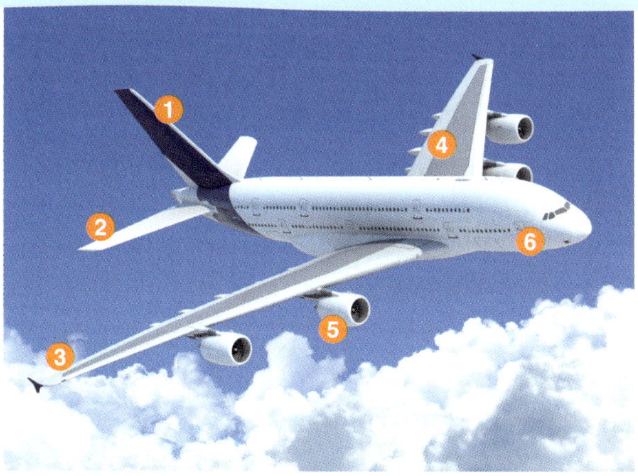


Steuerung eines Flugzeugs: **1** Seitenruder, **2** Höhenruder, **3** Querruder, **4** Tragfläche, **5** Triebwerk, **6** Rumpf

## Steuerung

Zum Steuern hat ein Flugzeug an seinen Tragflächen und hinten am Heck verschiedene bewegliche Klappen. Der Flugzeug-Experte nennt sie Ruder. Mit ihnen lassen sich die Luftströmungen (→Luft) rund um das Flugzeug verändern. So kann der Pilot das Flugzeug mithilfe des Seitenruders in die gewünschte Richtung steuern. Das ist ganz ähnlich wie das Steuern einer Luftmatratze auf dem Wasser. Ruderst du mit deinem linken Arm im Wasser, gleitet die Matratze nach links. Ruderst du mit deinem Arm auf der rechten Seite, bewegt sich die Matratze nach rechts.
Ein Flugzeug kann aber auch steigen oder sinken. Um dies zu erreichen, nutzt der Pilot das Höhenruder. Diese Bewegung wird in der Flugzeugfachsprache Nicken genannt. Das Flugzeug kann sich auch auf die eine oder andere Seite neigen. Für dieses Rollen betätigt der Pilot die Querruder. Um das Flugzeug nach rechts oder links zu lenken, muss der Pilot gleichzeitig die Seiten- und Querruder nutzen.

## Cockpit

Im Cockpit sitzen Pilot und Kopilot. Der Kopilot unterstützt den Piloten. Verschiedene Instrumente und Geräte helfen ihnen dabei, das Flugzeug zu steuern. Über Pedale können sie das Seitenruder bewegen, mit dem Steuerknüppel Höhen- und Querruder drehen. Hat das Flugzeug eine bestimmte Flughöhe erreicht, schalten die Piloten den Autopilot ein. Start und Landung des Flugzeugs übernehmen sie dann wieder selbst.

In der Mitte des Cockpits ist der Schubhebel, das „Gaspedal".

### Deine Forscheraufgabe

Falte eine Kante in ein dünnes Stück Papier. Puste dann von oben gegen die Kante: Das Papier hebt sich und steht waagerecht in der →Luft. Durch das Pusten hast du an der Blattoberfläche für →Auftrieb gesorgt – ganz ähnlich wie bei den Tragflächen.

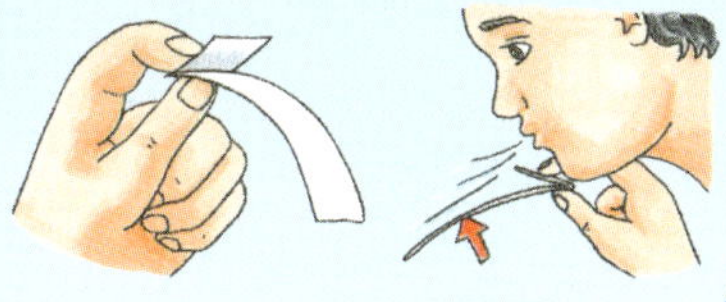

# In der Luft

## Segelflugzeug

Ein Segelflugzeug ist ein Flugzeug ohne eigenes Triebwerk. Deshalb muss es zum Starten von einer kleinen Propellermaschine (→Propeller, →Maschine) in die →Luft gezogen werden. Manchmal wird stattdessen auch ein Auto mit Seilwinde eingesetzt. Es zieht das Flugzeug, bis es so schnell wird, dass an den Tragflächen →Auftrieb entsteht. Das Flugzeug hebt ab. In der Luft nutzt das Segelflugzeug den Aufwind. Aufwind nennen Fachleute Luft, die nach oben strömt. Der Aufwind entsteht zum Beispiel durch Wind in den Bergen oder durch die Sonneneinstrahlung. Die Sonne erwärmt die Luft. Dadurch steigt sie nach oben. Von diesem Aufwind lässt sich ein Segelflugzeug nach oben tragen – genauso wie ein Vogel.

**Segelflugzeuge** sind sehr leicht und haben dafür verhältnismäßig große Tragflächen.

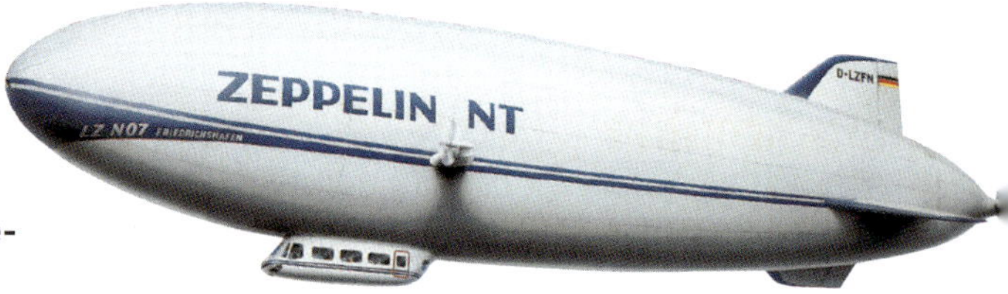


Heute werden **Luftschiffe** vor allem für Rundflüge genutzt. Häufig tragen sie auch Werbeaufschriften auf dem Ballon.

## Luftschiff

Ein Luftschiff ist eine Art riesiger Ballon. Dieser Ballon ist jedoch nicht rund, sondern länglich geformt. Seine Hülle ist mit einem →Gas gefüllt. Unter dem Ballon hängt die kleine Gondel. In ihr können zwei Piloten und bis zu zwölf Passagiere Platz finden. Und wie kann sich dieser Gigant in der →Luft halten? Der Trick liegt in dem speziellen Gas, das sich im Inneren des Ballons befindet. Es ist leichter als Luft und steigt so nach oben – und mit ihm das ganze Luftschiff. Genau wie ein Flugzeug ist auch ein Luftschiff mit →Propellern und →Motoren ausgestattet, die es vorwärtsbewegen.

### Schon gewusst?

Eines der ersten funktionstüchtigen Luftschiffe baute Ferdinand Graf von Zeppelin vor über 100 Jahren. Deshalb werden Luftschiffe häufig auch Zeppeline genannt.

Hubschrauber werden oft zur Rettung verletzter Personen eingesetzt. Mit einer Seilwinde wird der Verletzte nach oben geholt.

## Hubschrauber

Mit seinen zwei →Rotoren hebt sich der Hubschrauber mühelos in die Luft. Der Hauptrotor sitzt über der Kabine, der kleinere Heckrotor am hinteren Ende des Hubschraubers. Der Hauptrotor hat meist vier Rotorblätter. Sie sind nach oben gewölbt – genauso wie die Tragflächen eines Flugzeugs. So erzeugen sie →Auftrieb, sobald der Rotor sich zu drehen beginnt. Dieser Auftrieb sorgt dafür, dass der Hubschrauber vom Boden abhebt. Und was macht der zweite Rotor? Der kleine Rotor am Heck hält den Kurs des Hubschraubers stabil, denn er sorgt dafür, dass er sich nicht im Kreis dreht. Der Hauptrotor wird auch zur Steuerung des Hubschraubers genutzt, denn er lässt sich neigen.

Je nachdem, wie er gekippt wird, fliegt der Hubschrauber nach vorne, nach links oder nach rechts. Anders als ein Flugzeug kann ein Hubschrauber auch rückwärtsfliegen oder in der Luft fast stehen bleiben. Hubschrauber sind also sehr wendig. Weil sie außerdem nicht viel Platz zum Landen brauchen, eignen sie sich gut für den Einsatz als Rettungshubschrauber. Auch bei der Polizei werden Hubschrauber genutzt, zum Beispiel, um vermisste Personen zu finden oder den Straßenverkehr zu überwachen.

### Schon gewusst?

Der A-380 ist das größte Verkehrsflugzeug der Welt: Er ist über 70 Meter lang und 24 Meter hoch. Im Bauch des Riesenflugzeugs können auf zwei Etagen über 800 Passagiere Platz finden. Zum Vergleich: In einen normalen Urlaubsflieger passen rund 180 Passagiere. Der Buchstabe A im Namen steht übrigens für Airbus. Das ist der Name des Herstellers.

# Im Terminal

Passagiere können an einem Check-in-Schalter, über das Internet oder an einem Automaten einchecken.

## Check-in

Auf dem Flughafen beginnt im Terminal mit dem Check-in die Reise. Alle Passagiere müssen sich vor Flugantritt ausweisen, um ihre Bordkarte zu erhalten. Ein Computersystem (→ Computer) wählt einen freien Sitzplatz aus und druckt dessen Nummer auf die Bordkarte. Dann gibt der Fluggast sein Gepäck auf. Es wird zunächst gewogen, denn jeder Passagier darf nur eine gewisse Menge an Gepäck mitnehmen, damit das Flugzeug nicht zu schwer wird. Anschließend hängt der Flughafenmitarbeiter stabile Papierbänder an die Gepäckstücke. Auf den Bändern sieht man einen aufgedruckten Strichcode und den Zielflughafen. Im Strichcode ist unter anderem verschlüsselt, wem der jeweilige Koffer gehört. Die Koffer verschwinden dann über ein Fließband in den Tiefen der Gepäckförderanlage.

## Gepäckförderanlage

Die Gepäckförderanlage befindet sich im Terminal meist im Stockwerk unterhalb der Check-in-Schalter. Über die Gepäckförderanlage fahren die Koffer und Taschen zum richtigen Flugzeug. Möglich macht das die Papierbanderole, die die Gepäckstücke beim Check-in erhalten haben. Im aufgedruckten Strichcode steht, wem das Gepäckstück gehört und wohin die Reise geht. An verschiedenen Stellen der Gepäckförderanlage sind Lesegeräte, die den Code scannen.
Die Informationen werden an einen Zentralcomputer (→ Computer) übermittelt. Er berechnet den Weg des Gepäcks und schaltet die Weichen der Anlage so, dass die Koffer in die Nähe des Flugzeugs gebracht werden. Gepäckabfertiger stapeln das Gepäck auf Wagen. Dann transportieren sie alles zum Flugzeug und laden es in seinen „Kofferraum".

Am Flughafen in Frankfurt am Main hat die Gepäckförderanlage eine Länge von über 80 Kilometern.

Die Sicherheitskontrolle ist wichtig, damit zum Beispiel niemand Waffen mit an Bord nimmt.

## Sicherheitskontrolle

Bevor die Reisenden das Flugzeug betreten dürfen, müssen sie zunächst durch die Sicherheitskontrolle gehen. Als Erstes zeigen sie ihre Bordkarte vor. Dann wird ihr Handgepäck mit einem Röntgengerät (→Röntgenstrahlen) durchleuchtet. So kann das Sicherheitspersonal verdächtige Dinge im Gepäck auf einem Bildschirm erkennen. Weil es auch flüssigen Sprengstoff gibt, darf man nur kleine Mengen an Flüssigkeiten im Handgepäck mitnehmen. Dann laufen die Fluggäste durch einen Metalldetektor. Der sieht aus wie ein großer Türrahmen. In ihm befinden sich empfindliche →Sensoren. Diese Sensoren erkennen, wenn Metall in ihrer Nähe ist. Dann geben sie einen lauten Pieps-Ton von sich oder lassen eine Lampe leuchten.

## Fluggastbrücke

Die Fluggastbrücke verbindet das Terminal mit der Kabinentür des geparkten Flugzeugs. Die Fluggastbrücke ist an ihrer Unterseite mit einem Fahrwerk ausgestattet. So kann sie an das auf dem Vorfeld geparkte Flugzeug herangefahren werden.

Der Fahrer sitzt in der Fluggastbrücke und steuert sie mit einem Joystick.

### Schon gewusst?

Fachleute unterscheiden bei einem Flughafen die Landseite und die Luftseite. Zur Landseite gehören alle Bereiche vor der Sicherheitskontrolle. Die Luftseite beginnt hinter der Sicherheitskontrolle. Zu ihr haben nur Mitarbeiter und Fluggäste Zutritt.

# Auf dem Vorfeld

Auf dem **Vorfeld** werden die geparkten Flugzeuge auf die nächste Reise vorbereitet.

## Vorfeld

Das Vorfeld ist der große Platz zwischen Start- und Landebahnen und den Terminals. Das Vorfeld gehört zur Luftseite des Flughafens. Nach der Landung rollt ein Flugzeug zum Vorfeld. In seiner Parkposition wird es dann nach dem Ausstieg der Passagiere auf den nächsten Start vorbereitet. Es wird gereinigt, betankt und mit neuen Mahlzeiten ausgestattet. Auch kleinere Reparaturen werden auf dem Vorfeld ausgeführt.

## Flugzeugbetankung

Vor dem Abflug muss ein Flugzeug mit ausreichend Treibstoff versorgt werden. Anders als bei Autos ist das nicht Benzin oder Diesel, sondern Kerosin. Auch Kerosin wird aus Erdöl gewonnen. Kerosin ist aber sicherer, denn es fängt nicht so leicht Feuer. Große Flughäfen sind mit einem unterirdischen Tanksystem ausgestattet. In riesigen Tanks können gigantische Mengen Treibstoff lagern. Über Leitungen im Boden gelangt das Kerosin bis zur jeweiligen Anschlussstelle an den Flugzeugparkpositionen. Jetzt dockt das Betankungsfahrzeug mit einem dicken Schlauch an diese Anschlussstelle an. Seine starke → Pumpe drückt das Kerosin aus den unterirdischen Leitungen durch einen Schlauch bis in das Innere der Flugzeugtanks. Ein großes Flugzeug „schluckt“ über 200 000 Liter, das sind etwa 4000 Tankfüllungen eines Autos.

Bei der **Flugzeugbetankung** fließt das Kerosin in die Tanks, die sich in den Flügeln und im Bauch des Flugzeugs befinden.

## Schon gewusst?

Flugzeuge werden regelmäßig im Hangar gewartet. Der Hangar ist eine riesige Halle auf dem Flughafen. Beim A-Check werden alle technischen Systeme überprüft. Er findet etwa alle zwei Monate statt. Es gibt auch noch weitere Checks, die seltener durchgeführt werden.

## Flugzeugschlepper

Ein Flugzeug hat keinen Rückwärtsgang, darum wird es vom Flugzeugschlepper, einem niedrigen Lkw, aus der Parkposition herausgeschoben. „Pushback" sagt der Flughafenfachmann dazu. Der Schlepper ist nur rund 1,60 Meter hoch. So passt er gut unter das Flugzeug. Viele Schlepper können mit einer Stange vorn am Flugzeug befestigt werden.

Bei größeren Flugzeugschleppern hebt eine Art Greifer das komplette Vorderrad des Flugzeugs hydraulisch (→Hydraulik) an.

Das Follow-me-Fahrzeug ist für die Piloten durch seine auffällige Lackierung gut zu sehen.

## Follow-me-Fahrzeug

Hat der Flugzeugschlepper das Flugzeug aus seiner Parkposition herausgezogen, muss das Flugzeug den Weg zur richtigen Startbahn finden. Dabei kann ihm das Follow-me-Fahrzeug helfen. Es ist meist ein normales Auto, das leuchtend gelb oder gelb-schwarzkariert lackiert ist. Es fährt vor dem Flugzeug her und zeigt ihm so den richtigen Weg. Besonders wichtig ist das Follow-me-Fahrzeug nach der Landung eines Flugzeugs. Der Pilot folgt ihm bis zur richtigen Parkposition auf dem Vorfeld. Eine weitere Aufgabe der Follow-me-Fahrzeuge ist die Kontrolle der Start- und Landebahnen: Sie fahren diese regelmäßig ab, um sie auf eventuelle Schäden und herumliegenden Unrat zu überprüfen. Diese Kontrolle ist wichtig, damit bei Starts und Landungen keine Unfälle passieren.

# Im Tower

## Tower

Alle Flugzeuge müssen sicher ans Ziel gelangen – am Boden genauso wie oben in der Luft. Dafür sorgen die Fluglotsen. Auf dem Flughafen haben die Fluglotsen ihren Arbeitsplatz in einer Kanzel in einem Kontrollturm, dem Tower. Die Kanzel ist rundherum verglast. So haben die Fluglotsen von hier aus einen prima Überblick über das Flughafengelände und die Flugzeuge.
Soll ein Flugzeug starten, melden sich die Piloten schon vor dem Anlassen der Flugzeugtriebwerke bei den Fluglotsen im Tower an. Sie kontrollieren, ob die Startbahn frei ist. Auch in der Luft über der Startbahn darf sich kein anderes Flugzeug befinden. Ist die Startbahn frei, lassen die Fluglotsen die Piloten des Flugzeugs zur Startbahn rollen. Dann geben sie ihnen per Funk die Starterlaubnis. Jetzt können die Piloten Gas geben und starten. Etwa bei Tempo 250 km/h ist das Flugzeug schnell genug zum Abheben. Nun geht die Reise los.
Auch in der Luft wird das Flugzeug ständig überwacht. Dafür sind die Center-Fluglotsen zuständig. Nähert sich das Flugzeug am Ende des Fluges seinem Ziel, sind die Fluglotsen im Tower des Zielflughafens gefragt. Die Fluglotsen geben den Piloten vor, auf welcher Route sie den Flughafen anfliegen dürfen. Dann erteilen sie ihnen die Landeerlaubnis für eine freie Landebahn. Hier können die Piloten dann das Flugzeug landen.

Die Arbeit im Tower ist sehr anstrengend. Deshalb arbeiten Lotsen nur zwei bis drei Stunden am Stück, dann machen sie eine Pause.

### Schon gewusst?

Für jeden Flug gibt es festgelegte Flugrouten. Du kannst sie dir ähnlich vorstellen wie Autobahnen, nur eben in der Luft. Auf einer Flugroute dürfen Flugzeuge jeweils nur in eine Richtung fliegen. Außerdem müssen die Piloten eines Flugzeugs immer genügend Abstand zu anderen Flugzeugen halten: seitlich 4 bis 9 Kilometer, in der Höhe 300 Meter. Der Luftraum ist in verschiedene Ebenen unterteilt: So können mehrere Flugzeuge die gleiche Flugroute nutzen, jedoch auf unterschiedlichen „Stockwerken“.

Die **Center-Fluglotsen** sehen auf Radarbildschirmen die Flugzeuge in den einzelnen Sektoren.

## Center-Fluglotse

Bei Start und Landung eines Flugzeugs werden die Piloten von den Fluglotsen im Tower unterstützt. Während des Fluges übernehmen die Center-Fluglotsen diese Aufgabe. Die Center-Fluglotsen arbeiten nicht am Flughafen, sondern in verschiedenen Zentren, die über das ganze Land verteilt sind. Der Luftraum über Deutschland ist in verschiedene Bereiche unterteilt. Diese Bereiche heißen Sektoren. Durch jeden Sektor verlaufen eine oder mehrere Flugrouten. Für jeden Sektor sind zwei Center-Fluglotsen zuständig. Sie überwachen ihren Bereich mithilfe von Radargeräten (→ Radar). So wissen sie genau, welche Flugzeuge sich in ihrem Sektor befinden. Die Center-Fluglotsen weisen allen Flugzeugen Routen, Flughöhen und Geschwindigkeiten zu. So sorgen sie dafür, dass die Flugzeuge genügend Abstand zueinander halten, um sich gegenseitig nicht zu gefährden.

## Radar

Dank → Radar wissen die Fluglotsen immer, wo sich die Flugzeuge in der Luft befinden. Das Radargerät zeigt die Position, die Flughöhe und die Geschwindigkeit der Flugzeuge auf einem Bildschirm an. Möglich machen das unsichtbare Strahlen, die Radarwellen. Werden sie von der → Antenne des Radargeräts ausgesendet, treffen sie irgendwann auf ein Flugzeug in der Luft. Die Strahlen werden vom Flugzeug zurückgeworfen – ganz ähnlich wie ein Spiegel einen Lichtstrahl (→ Licht) einfängt und zurückwirft. Sie werden von der Antenne wieder aufgefangen. Ein eingebauter → Computer errechnet mithilfe der zurückgeworfenen Strahlen die genaue Position des Flugzeugs. Aber welches Flugzeug ist es nun genau? Dafür sendet eine zweite Antenne ein weiteres → Signal aus. Trifft dieses Signal auf eine Antenne im Flugzeug, wirft diese als Erkennungssignal eine vierstellige Zahlenkombination zurück.

Die **Radar**antenne sendet und empfängt Radarwellen.

# Auf dem Bauernhof

Auf dem Bauernhof ist Erntezeit: Mit dem Mähdrescher fährt der Bauer über das Feld, um die reifen Getreidehalme zu ernten. Im Inneren der großen Maschine werden die Getreidekörner gleich von den Halmen gelöst und im großen Korntank gesammelt. Ist das Kartoffellaub im Herbst braun geworden, steht die Kartoffelernte vor der Tür. Dafür fährt der Bauer mit dem Kartoffelroder über das Feld. Der Kartoffelroder holt die reifen Kartoffelknollen vorsichtig aus dem Boden und reinigt sie. Später können sie dann im Supermarkt oder im Hofladen verkauft werden. Zweimal täglich müssen die Kühe im Stall gemolken werden. Hier helfen dem Bauer die Melkmaschine und der Melkroboter. Der Melkroboter melkt die Kühe vollautomatisch. Das war früher ganz anders. Hier war Handarbeit gefragt. Der Bauer saß auf einem Schemel neben der Kuh. Mit seinen Händen massierte er die einzelnen Zitzen, bis Milch austrat. Die Milch sammelte er in einem Eimer. Bis der Bauer alle Kühe im Stall gemolken hatte, dauerte es ganz schön lange!

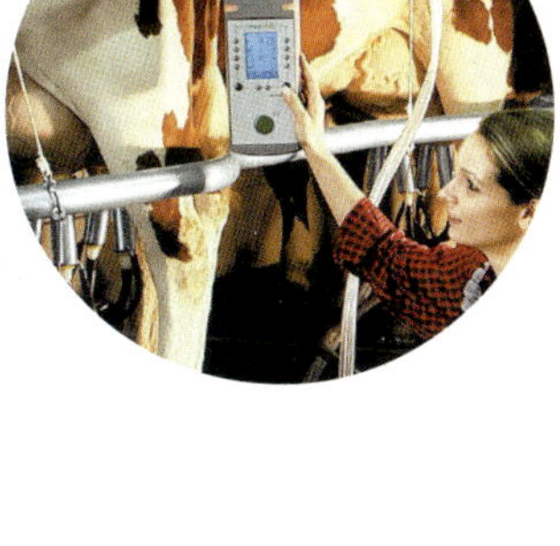

# Der Traktor

Mit dem Ballengreifer vorn am Frontlader kann der Landwirt problemlos die bis zu 1000 Kilogramm schweren Strohballen hochheben.

## Aufbau eines Traktors

Der Traktor ist auf dem Bauernhof ein wahrer Alleskönner. Mit ihm kann der Landwirt zum Beispiel schwere Lasten transportieren oder Heu einholen. Auf dem Feld hilft er etwa dabei, den Boden zu bearbeiten, Pflanzen zu säen und Getreide zu ernten. Traktoren gibt es in den unterschiedlichsten Bauformen, je nachdem, für welche Arbeiten der Bauer ihn hauptsächlich braucht. Damit der Traktor auf matschigem, holprigem Untergrund gut vorwärts kommt und nicht einsinkt, sind seine Räder viel größer als die eines Autos. Die vorderen sind dabei fast immer kleiner als die hinteren. Das macht den Traktor wendiger, denn große Räder könnte er nicht so weit einschlagen, weil sie sonst gegen den →Motor stoßen würden.

Oft heißt der Traktor auch Trecker oder Schlepper, weil er sehr viel ziehen oder schleppen kann.

## Frontlader

Häufig sind Traktoren mit einem Frontlader ausgestattet. Wo dieser Frontlader sitzt, kannst du schon an seinem Namen erkennen, denn „Front“ bedeutet nichts anderes als „Vorderseite“. Der hintere Teil des Frontladers heißt Schwinge. Sie lässt sich am Traktor befestigen. An der Schwinge werden die verschiedenen Arbeitswerkzeuge festgemacht.

Mit der Ladeschaufel kann der Traktor zum Beispiel loses Material wie etwa Erde, Kartoffeln oder Tierfutter transportieren. Der Bauer kann die Ladeschaufel leicht gegen andere Arbeitsgeräte wie etwa eine Rundballenzange austauschen.

Die Hydraulikzylinder sorgen für die verschiedenen Bewegungen des Frontladers.

## Hydraulik

Um den Frontlader auf und ab zu bewegen, nutzt der Traktor →Hydraulik. Dahinter verbergen sich mit Flüssigkeit gefüllte Schläuche. Diese Flüssigkeit ist meist ein spezielles Öl. Die Schläuche sind mit Hydraulikzylindern (→Zylinder) verbunden. Ein Hydraulikzylinder ist ein schlankes Rohr, in dem sich ein Kolben bewegen kann. Drückt nun eine →Pumpe die Flüssigkeit durch die Schläuche bis in den Zylinder, schiebt die Flüssigkeit dabei den Kolben im Zylinder nach außen: Die Ladeschaufel hebt sich.

### Deine Forscheraufgabe

1. Nimm zwei Spritzen und einen Schlauch.
2. Stecke den Schlauch über die eine Spritze.
3. Ziehe diese Spritze mit Wasser auf.
4. Stülpe die zweite Spritze über das andere Ende des Schlauches.
5. Drücke den Kolben einer Spritze hinein. Was passiert?

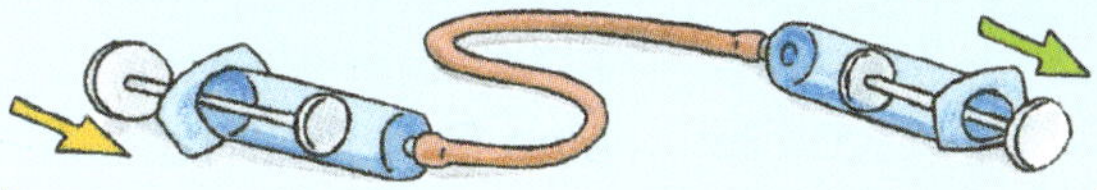

## Traktorheck

An der Rückseite, seinem Heck, ist der Traktor mit einer Anhängerkupplung ausgestattet: Hier können Futterwagen, Miststreuer und andere Anhänger angehängt werden. Einige Geräte wie etwa Pflug oder Egge befestigt der Bauer hingegen am Hubwerk. Das Hubwerk ist beweglich: Bei Fahrten über die Straße hebt der Bauer es mitsamt angekuppeltem Gerät nach oben. Auf dem Feld angekommen senkt er es langsam nach unten. Dann können die Zinken der Geräte bei der Arbeit tief in den Boden eindringen. Über die Zapfwelle kann der Bauer die angehängten Geräte antreiben. Die Zapfwelle (→Welle) wird über eine stabile Stange mit dem Arbeitsgerät verbunden.

Traktorheck: 1 Anhängerkupplung, 2 Zapfwelle, 3 Hubwerk

# So wird ein Feld bestellt

## Geräte zur Bodenbearbeitung

Im Herbst bereitet der Landwirt das Feld für die Aussaat vor. Damit die neuen Pflanzen später gut wachsen können, muss der Bauer den Boden lockern, krümeln und die alten Pflanzenreste in die Erde einarbeiten. Dafür kann er verschiedene Geräte am Hubwerk des Traktors befestigen, wie zum Beispiel den Pflug. Seine Schneiden, das Pflugschar, sind so scharf, dass sie die harte Erde aufschneiden. Über dem Pflugschar sitzt das Streichblech, das den Boden wendet. Oft nutzt der Landwirt anschließend den Grubber. Das ist ein Metallrahmen mit vielen scharfen Zinken an der Unterseite. Zieht der Landwirt den Grubber durch den Boden, lockern die Zinken die Erde. Um große Klumpen zu zerkleinern, nutzt der Bauer die Egge. Ihre spitzen Eisenzähne zerkrümeln die Erde.

Der Pflug ist ein **Gerät zur Bodenbearbeitung**. Er bricht die harte Erde auf und wendet sie.

In der **Sämaschine** gelangen die Saatkörner durch die einzelnen Saatleitungen bis auf den Ackerboden.

## Sämaschine

Mit der Sämaschine legt der Bauer Saatkörner meist Reihe für Reihe in den Boden. Aus den Körnern werden später zum Beispiel Getreidepflanzen. Der große Saatgutbehälter der Sämaschine sieht aus wie ein Trichter. In ihm rutschen die Saatkörner nach unten bis zu einem Dosierrad. Das gibt immer genau die gleiche Menge an Saatkörnern weiter. Wie viele das sind, kann der Bauer einstellen. So sorgt er dafür, dass die Pflanzen später in gleichmäßigen Abständen wachsen. Ein kräftiger Luftstrom (→Luft) pustet die Saatkornportionen durch ein Rohr nach oben bis in die einzelnen Saatleitungen. An deren Enden sitzen die Säscharen. Das sind Schneiden, die schmale Furchen in den Ackerboden ziehen. In diese Saatspur purzeln nun die Saatkörner. Große Andruckrollen pressen die Körner fest in die Erde. Der Saatstriegel, ein langer Metallzinken, bedeckt sie mit Erde.

Kartoffellegemaschine: 1 Furchenschar, 2 Schöpfbecher, 3 Vorratsbehälter, 4 Zudeckscheiben

## Kartoffellegemaschine

Damit der Landwirt im Herbst eine reiche Kartoffelernte einfahren kann, muss er im Frühjahr die Kartoffelknollen mit der Kartoffellegemaschine aufs Feld bringen. Dafür füllt er Knollen der letzten Ernte in den großen Vorratsbehälter der Maschine. An dessen Unterseite befindet sich eine Öffnung, an der der Bechergurt entlangstreift. Er ist mit Kunststoffmulden bestückt. Jeder dieser Schöpfbecher nimmt jeweils eine Kartoffel aus dem Vorratsbehälter mit. In diesem „Kartoffelaufzug" geht es für die Knollen abwärts in Richtung Ackerboden, wo sie in eine vorbereitete Furche fallen. Die Zudeckscheiben schieben von zwei Seiten Erde auf die Kartoffel, denn die neue Kartoffelpflanze braucht zum Wachsen Dunkelheit.

### Deine Forscheraufgabe

Besorge dir Weizenkörner im Naturkostladen, fülle sie in ein Gefäß und begieße sie mit etwas Wasser. Lass sie einen Tag quellen. Schütte dann das Wasser ab und wasche die Körner gut aus. Fülle sie zurück in das Gefäß. Nach ein bis zwei Tagen Keimzeit sind aus den Körnern kleine Weizenpflänzchen geworden.

## Güllefass

In Gülle, dem flüssigen Gemisch aus dem Kot und Urin der Tiere, sind viele Nährstoffe enthalten. Sie helfen den Pflänzchen beim Wachsen. Deshalb verteilt der Landwirt sie mit dem Güllefass auf dem Feld. Damit es dabei nicht so streng riecht, werden meist Güllefässer mit Schleppschlauchverteiler eingesetzt. Eine →Pumpe drückt die Gülle bis in die Schläuche. Weil diese bis auf den Boden reichen, kann die Gülle direkt aufs Feld fließen und muss nicht wie bei anderen Güllefässern durch die Luft geschleudert werden.

Bis zu 30 Meter breit kann der Schleppschlauchverteiler am Güllefass sein.

# So wird geerntet

## Mähdrescher

Im Hochsommer fährt der Landwirt mit dem Mähdrescher aufs Feld, um das reife Getreide zu ernten. Dabei erledigt der Mähdrescher gleich mehrere Aufgaben auf einmal. Mit seinem Schneidwerk an der Vorderseite trennt der Mähdrescher die Getreidehalme dicht über dem Boden ab. Über den Schrägförderer, eine Art Transportband, gelangen die Halme in die Mitte der Maschine, zum Dreschwerk. Hier drehen sich mehrere Trommeln ganz schnell. Auf den Trommeln sitzen die Schlagleisten. Immer wieder drücken die Trommeln die Leisten auf die Getreidehalme und lösen so die Körner aus den Ähren. Die Körner fallen nach unten auf den Vorbereitungsboden. Von hier geht es auf verschiedene Siebe, um Unkraut und Strohreste zu entfernen. Der Elevator, eine Art Aufzug, transportiert die Körner schließlich bis in den Korntank. Hier lagern sie, bis sie der Landwirt auf einen Transportwagen lädt. Später werden sie gemahlen und als Mehl zum Beispiel zu Brot und Kuchen verarbeitet.

Mähdrescher: 1 Schneidwerk, 2 Schrägförderer, 3 Dreschwerk, 4 Siebe, 5 Elevator, 6 Korntank

## Kartoffelroder

Mit dem Kartoffelroder holt der Bauer im Herbst die reifen Kartoffelknollen aus dem Boden. Als Erstes schiebt sich das Schar unter die Kartoffelpflanze und hebt sie hoch auf das Siebband. Hier wird das Gemisch aus Erde, Steinen und Kartoffeln durchgesiebt, bis nur die Kartoffeln übrig bleiben. Bürsten entfernen den groben Schmutz von den Knollen. Dann geht es weiter auf das Verleseband, an dessen Rändern die Erntehelfer stehen. Ihre Aufgabe ist es, zu kleine, unreife Kartoffeln oder zurückgebliebene Steine auszusortieren. So fallen nur reife Knollen in den Sammelbunker.

Der **Kartoffelroder** wird über die Zapfwelle (→Welle) des Traktors angetrieben.

Mehr als 40 Kubikmeter Rüben, so viel wie 40 große Müllcontainer, passen in den Vorratsbunker des Zuckerrübenroders.

## Zuckerrübenroder

Mitte September beginnt die Zeit der Zuckerrübenernte, die Kampagne genannt wird. Dafür setzt der Landwirt den Zuckerrübenroder ein. Der Entblätterer an der Vorderseite des Roders entfernt zunächst die Blätter von den Rüben. Sie werden klein gehäckselt gleich auf dem Feld als natürlicher Dünger verteilt. Dann trennen die Köpfmesser den Blätterstrunk von der Rübe ab. Jetzt erst wird die Knolle aus der Erde geholt. Diese Aufgabe übernehmen die Zinkenschare, die sich unter die Rübe graben und sie vorsichtig anheben. Walzen scheuern Erde und Steinchen von den Rübenkörpern. Dann hebt der Elevator die Knollen in den Vorratsbunker des Zuckerrübenroders. Entladen werden kann dieser mit dem Entladeband. Auf ihm kullern die Rüben nach vorne bis zum bereitstehenden Transportfahrzeug. Oft lagert der Landwirt die Rüben in einem langen Haufen am Feldrand. Dieser Haufen heißt Miete. Später holt der Landwirt die Rüben mit dem Reinigungslader ab.

## Reinigungslader

Die Vorderseite des Reinigungsladers heißt Aufnahme. Sie sieht ein wenig aus wie eine riesige Kehrschaufel. Mit ihr schiebt sich der Reinigungslader in den Berg aus Rüben, den der Zuckerrübenroder hinterlassen hat. Über verschiedene Walzen gelangen die Rüben bis zum Bauchgurt. Dieses Transportband befördert sie unter der Fahrerkabine hindurch bis ans Ende der Maschine. Dort sitzt der Siebkettenreiniger. Zwischen seinen dünnen Streben fallen Erde und Steinchen hindurch. So werden nur die Knollen bis zum Ladeband transportiert. Über das Ladeband purzeln sie auf einen Wagen.

Der Reinigungslader macht seinem Namen alle Ehre: Er verlädt und reinigt Zuckerrüben.

# Im Stall

## Futtermischwagen

Die Kühe im Stall müssen regelmäßig mit Futter versorgt werden. Im Futtermischwagen bereitet der Landwirt aus Heu, Silage – das ist vergorenes Gras oder vergorener Mais – und Kraftfutter die Kuhmahlzeiten zu. Dafür füllt er die Zutaten mithilfe des Frontladers am Traktor in den stabilen Behälter. Die eingebaute Mischschnecke mixt auf Knopfdruck alles ordentlich durch. Die Messer, die auf der Mischschnecke sitzen, zerkleinern große Brocken. Angetrieben wird die Mischschnecke über die Zapfwelle des Traktors und ein Winkelgetriebe. Ist alles durcheinandergemengt, zieht der Bauer den Futtermischwagen mit dem Traktor in den Stall. Über eine Klappe im Behälter des Futtermischwagens und das Austragsband gelangt der Futterbrei bis in den Trog der Tiere.

Futtermischwagen: 1 Anschluss zur Zapfwelle, 2 Messer, 3 Mischschnecke, 4 Austragsband, 5 Winkelgetriebe

Moderne Ställe sind oft mit einem Futterautomat (→Automat) ausgestattet.

## Futterautomat

Am Futterautomat (→Automat) im Stall kann sich jede Kuh selbst bedienen und erhält vollautomatisch eine eigens für sie zusammengestellte Kraftfutterportion. Und das funktioniert so: Jede Kuh ist mit einem →Chip ausgestattet. Der Chip sitzt entweder am Ohr oder am Halsband. Über ihn erkennt ein in den Futterautomat eingebauter →Computer, welche Kuh gerade zum Fressen an den Futterautomat kommt. Der Computer weiß genau, wie viel die Kuh an diesem Tag bereits gefressen hat. So sorgt der Automat dafür, dass im Futtertrog der Kuh die für sie passende Futtermenge landet.

### Schon gewusst?

Die Milchkuh ist das weibliche Hausrind. Du erkennst sie an dem rosafarbenen Euter. Hier bildet sich Milch, mit der sie ihr Kälbchen versorgt. Weil wir aber auch so gerne Kuhmilch trinken, füttert der Landwirt die Kälber bald schon mit Kraftfutter, Heu und Ersatzmilch.

Im Melkstand der **Melkmaschine** (→Maschine) können mehrere Kühe gleichzeitig gemolken werden.

## Schon gewusst?

Bevor die Milch im Supermarkt verkauft werden kann, wird sie in der Molkerei pasteurisiert. Dabei wird sie kurz über 70 °C erhitzt, damit krank machende Keime abgetötet werden. So ist sie viel länger haltbar.

## Melkmaschine

Zweimal täglich werden Milchkühe mit der Melkmaschine (→Maschine) gemolken. Das Melkzeug spielt dabei eine wichtige Rolle. Es besteht aus vier Zitzenbechern. Die Zitzenbecher sind schmale Rohre aus Metall. Jeder Zitzenbecher wird über eine Zitze des Kuheuters gestülpt. Die Zitzenbecher ahmen das Saugen eines Kälbchens nach, denn nur so kommt Milch aus den Zitzen. Dafür pustet eine →Pumpe →Luft hinein und saugt sie wieder ab – immer im Wechsel, etwa einmal pro Sekunde. Die Luft im Zwischenraum drückt dabei die Zitzen zusammen, genau wie beim Saugen eines Kälbchens. Über einen Schlauch fließt die Milch in eine Rohrleitung und weiter in den Milchtank.

## Melkroboter

In ganz modernen Ställen werden die Kühe vollautomatisch von einem Melkroboter (→Roboter) gemolken. Der Melkroboter besteht aus einer stabilen Box im Stall. Kommt eine Kuh zum Melken, so erkennt der Melkroboter sie an ihrem →Chip und öffnet die Tür zur Box. Eine Kamera erfasst die Größe der Kuh: So weiß der Melkroboter, wo sich ihr Euter befindet. Jetzt fährt ein beweglicher Roboterarm aus. Auf ihm sitzen Bürsten, die das Euter reinigen. Dann stülpt der Roboterarm die Zitzenbecher auf die Zitzen. Das Melken selbst funktioniert wie bei der Melkmaschine (→Maschine). Am Ende fährt der Roboterarm zurück. Die Tür der Box öffnet sich, und die Kuh kann zurück in den Stall laufen.

Dank **Melkroboter** (→Roboter) ist keine Handarbeit beim Melken mehr notwendig.

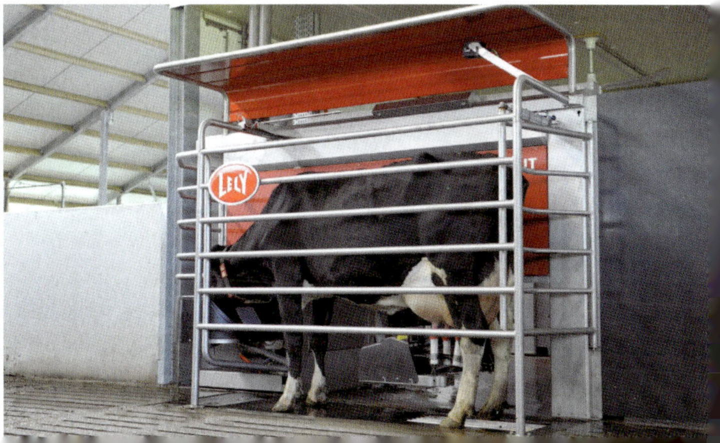

# Energie

Verschiedene Kraftwerke und Anlagen versorgen uns mit der elektrischen Energie, die wir täglich brauchen. Den großen Kühlturm des Wärmekraftwerks kannst du schon aus der Ferne gut sehen. Im Wärmekraftwerk entsteht elektrischer Strom, der über das Stromnetz bis zu uns nach Hause gelangt. Auch die Windkraftanlage ist immer gut zu erkennen. Ihr großer Rotor dreht sich im Wind. Wir brauchen auch Wärmeenergie. In der Zentralheizung verbrennt Erdgas oder Erdöl und macht es so zu Hause mollig warm. Das war nicht immer so einfach: Früher mussten die Menschen erst jede Menge Holz sammeln, hacken und die vielen Scheite ins Haus holen. Mit Holz haben sie den Herd befeuert, um zu kochen. Außerdem wurde Holz im Kamin oder Ofen verbrannt, damit es schön warm wurde. Für Helligkeit sorgten Kerzen und Öllampen.

# Elektrische Energie

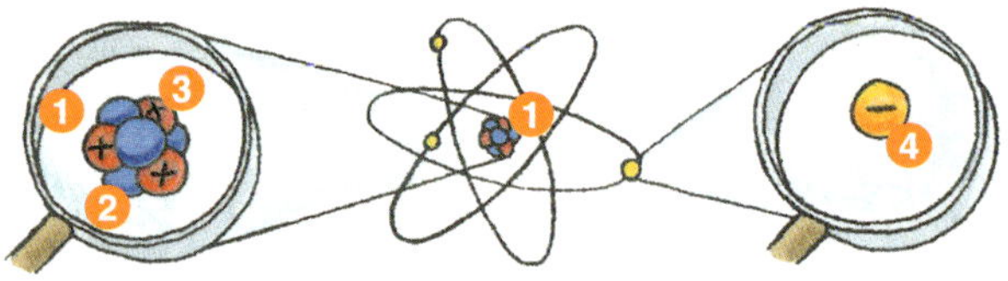


Elektrischer Strom sind sich bewegende Elektronen: 1 Atomkern, 2 Neutron, 3 Proton, 4 Elektron

## Elektrischer Strom

Fernseher, Radio und Föhn – all die kleinen und großen Geräte bei uns zu Hause funktionieren mit →elektrischem Strom. Elektrischen Strom selbst kannst du nicht sehen. Du kannst nur sehen, was er bewirkt – also zum Beispiel das Leuchten einer Lampe, die heiße Luft, die aus dem Föhn strömt, das Lied, das aus dem Radio schallt, oder das heiße Wasser, das im Wasserkocher brodelt. Und was ist Strom genau? Strom besteht aus winzigen, elektrisch geladenen Teilchen, den Elektronen. Elektronen sind Teile der →Atome. Alles um uns herum besteht aus Atomen: wir Menschen genauso wie zum Beispiel Steine, Bäume oder die Luft.
Atome sind so klein, dass du sie noch nicht einmal unter einem Lichtmikroskop sehen kannst. Atome bestehen aus verschiedenen kleineren Teilchen: Die positiv geladenen Protonen bilden mit den neutralen Neutronen den Atomkern. Normalerweise umkreisen die negativ geladenen Elektronen den Atomkern, ganz ähnlich wie Planeten die Sonne. In einigen Materialien können sich Elektronen jedoch frei bewegen. Strömen viele Elektronen gemeinsam in eine Richtung, so ist das elektrischer Strom.

## Stromnetz

Ein riesiges Stromnetz sorgt dafür, dass der Strom (→elektr. Strom) von den Kraftwerken bis in die einzelnen Gebäude gelangt. Das Stromnetz kannst du dir als Straßennetz vorstellen. Denke dir die Hochspannungsleitungen als „Autobahnen“ des Stromnetzes. Sie transportieren den Strom über große Entfernungen. Die Bezeichnung „Hochspannung“ bedeutet, dass der Strom hier mit einer extrem hohen Spannung (→elektr. Spannung) übertragen wird – mit bis zu 380 000 Volt. So gehen die wenigsten Elektronen verloren.
In Umspannwerken senken →Transformatoren, kurz Trafos genannt, die hohe Spannung auf 20 000 Volt. Überlandleitungen, die „Bundesstraßen“ des Stromnetzes, transportieren den Strom bis in die Städte und Dörfer. Bevor der Strom aber in die Häuser gelangen kann, wird seine Spannung noch einmal verringert. Dies geschieht in kleinen Verteiler- oder Trafohäuschen. Mit der gebräuchlichen Netzspannung von 230 Volt kommt der Strom schließlich über ein Erdkabel im Keller des Hauses an. Er fließt durch Leitungen in den Wänden bis zu den →Steckdosen.

Hochspannungsleitungen sind Teil unseres Stromnetzes. Sie hängen an hohen Masten, denn ein Berühren der Leitung wäre lebensgefährlich.

## Schon gewusst?

Strom (→elektr. Strom) zu erzeugen ist sehr aufwendig und schadet häufig unserer Umwelt. Deshalb ist es wichtig, sorgsam mit Energie umzugehen. Hilf auch du beim Energiesparen: Verwende Energiesparlampen statt alter Glühlampen, denn sie benötigen viel weniger Strom. Achte darauf, das Licht auszumachen, wenn du ein Zimmer verlässt. Schalte elektrische Geräte wie den →Computer richtig aus statt in den Stand-by-Modus, der noch immer Strom verbraucht.

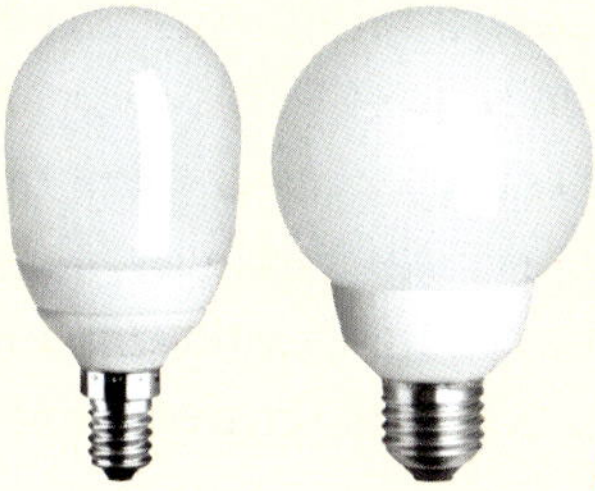

Die Lampe kann nur leuchten, wenn der →Stromkreis geschlossen ist.

## Stromkreis

Materialien, in denen sich Elektronen prima bewegen können, heißen →Leiter. Das Metall Kupfer ist zum Beispiel ein guter Leiter. Kupfer findet sich deshalb etwa im Inneren von Stromkabeln (→Kabel) und Stromleitungen. Die Elektronen bewegen sich jedoch nicht einfach so in einem Leiter. Dafür brauchen sie eine Spannungsquelle, zum Beispiel eine →Batterie. Werden Leiter und Batterie dann mit einem Verbraucher – etwa einer Lampe – verbunden, ist ein →Stromkreis entstanden. In einem geschlossenen Stromkreis kann nun Strom (→elektr. Strom) fließen. Dabei werden die Elektronen von der Batterie auf Trab gebracht. Auch in der Batterie befinden sich Elektronen. Sie sind jedoch nicht gleichmäßig verteilt. An dem einen Ende der Batterie, dem Minuspol, sitzen viele Elektronen. Am Pluspol befinden sich nur wenige Elektronen. Dieses Ungleichgewicht wird →elektrische Spannung genannt. Die Elektronen wollen das Ungleichgewicht ausgleichen. Sie wandern vom Minuspol der Batterie über den Leiter bis hinüber zum Pluspol. Dabei flitzen sie auch durch die angeschlossene Lampe und bringen sie zum Leuchten. Wird ein Schalter betätigt, ist der Stromkreis unterbrochen, und die Lampe geht aus. Für kleine Geräte ist die Batterie sehr praktisch. Sie kann aber nicht das ganze Haus mit Strom versorgen. Strom, den wir täglich zu Hause nutzen, gelangt über einen riesigen Stromkreis in die einzelnen Häuser: vom Kraftwerk über das Stromnetz bis in die Leitungen in den Wänden.

# Wärmekraftwerk

## Fossile Energieträger

Erdöl, Erdgas und Kohle spielen bei der Stromerzeugung (→elektr. Strom) eine wichtige Rolle. Weil sie große Mengen →Energie enthalten, heißen sie Energieträger. „Fossil" werden sie genannt, weil sie aus unserer urzeitlichen Vergangenheit stammen und im Laufe von Jahrmillionen entstanden sind. Fossile Energieträger lassen sich aber nicht nur zur Stromerzeugung nutzen: Erdgas und Erdöl werden zum Beispiel in Zentralheizungen verbrannt, damit es zu Hause mollig warm wird. Aus Erdöl können außerdem Medikamente, Kunststoffe oder Farben hergestellt werden. Doch die Nutzung fossiler Energieträger hat auch Nachteile: Werden sie verbrannt, entsteht das →Gas Kohlendioxid, das unser Klima schädigt und für den →Treibhauseffekt sorgt. Außerdem ist der Vorrat an fossilen Energieträgern begrenzt. Weil die Bevölkerungszahl und der Energiebedarf auf der Erde wachsen, werden alternative Energiequellen immer wichtiger.

Große Schaufelradbagger kratzen die Kohle, einen fossilen Energieträger, aus der Erde.

Weil die Wärme bei der Stromerzeugung (→elektr. Strom) im Kraftwerk so wichtig ist, wird es Wärmekraftwerk genannt.

## Wärmekraftwerk

Im Wärmekraftwerk werden fossile Energieträger (→Energie) verbrannt (→Verbrennung), um Strom (→elektr. Strom) zu erzeugen. Bei uns wird meist Kohle eingesetzt. Weil Kohlenstaub besser brennt, wird die Kohle fein gemahlen. Ein kräftiger Luftstrom (→Luft) pustet den Kohlenstaub dann in den Brennkessel, wo er verbrannt wird. Die entstehende Wärme erhitzt Wasser in einem Rohrsystem, bis es verdampft. Mit großem →Druck schießt der heiße →Dampf durch die Rohre bis zur →Turbine. Die Turbine und ein →Generator wandeln diese Wärmeenergie nun in elektrische →Energie um. Turbine und Generator sind die wichtigsten Teile des Wärmekraftwerks.

## Schon gewusst?

Turbinen gibt es in den unterschiedlichsten Bauformen. Einige werden von Wasser angetrieben, andere von Luft, Gas oder eben durch Dampf wie im Wärmekraftwerk.

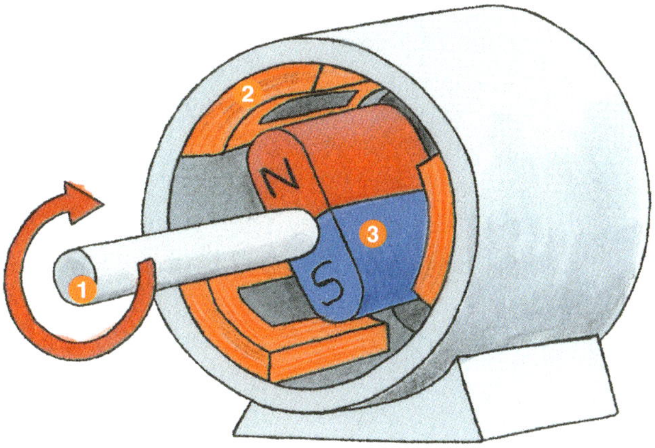


Generator: 1 Welle, 2 Kupferdrahtspule, 3 Läufer mit Magneten

## Turbine

Eine →Turbine sieht von außen aus wie ein liegendes Fass. Bis zu 50 Meter kann sie in einem großen Kraftwerk lang sein. Im Innern sitzt der →Rotor, der aus mehreren Laufrädern mit Schaufeln besteht. Durch eine Öffnung an der Oberseite der Turbine strömt der heiße →Dampf in das Innere und dann durch die Schaufeln auf den Laufrädern des Rotors. Dadurch dreht er sich. Das Prinzip kennst du bestimmt vom Wasserrad (→Rad) und vom Windrad. In der Mitte des Rotors befindet sich eine Stange aus Stahl. Das ist die Turbinenwelle (→Welle). Sobald sich der Rotor dreht, dreht sich auch die Turbinenwelle. Sie ist mit einem →Generator verbunden und gibt ihre Drehbewegung an ihn weiter.

In großen →Turbinen sitzen gleich mehrere Laufräder hintereinander.

## Generator

Der →Generator ist ein Energiewandler (→Energie): Er wandelt eine Drehbewegung – die der →Turbine – in →elektrischen Strom um. Und das geht so: Der äußere Teil des Generators besteht aus vielen Spulen aus Kupferdraht. In Kupferdraht können sich Elektronen prima bewegen. In Bewegung versetzt werden die Elektronen von starken →Magneten. Magnete haben eine anziehende Wirkung auf die Elektronen. Die Magnete befinden sich auf dem beweglichen Mittelteil des Generators, dem Läufer. Der Läufer ist über eine →Welle mit der Turbine verbunden. Sobald sich das Laufrad der Turbine dreht, dreht sich auch der Läufer mitsamt den Magneten. Die Magnete ziehen die Elektronen in den Kupferspulen an und „reißen" sie durch ihre Drehbewegung mit: Es fließt Strom (→Magnetismus, →Magnetfeld). Der Generator arbeitet nach dem gleichen Prinzip wie der kleine Dynamo an deinem Fahrrad.

# Wärmekraftwerk

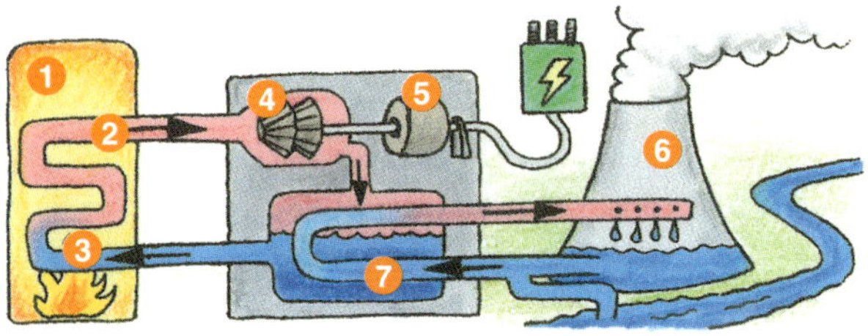


Kühlwasserkreislauf: 1 Dampferzeuger, 2 Dampf, 3 Wasser, 4 Turbine, 5 Generator, 6 Kühlturm, 7 Kondensator

## Kühlwasserkreislauf

Im Kondensator (→Kondensation) wird der warme Dampf, der aus der →Turbine austritt, wieder zu Wasser. Das Wasser strömt durch ein Rohrsystem zurück zum Dampferzeuger. Hier wird es wieder erhitzt. Der Kreislauf beginnt von vorne.
So wird der Dampf im Kondensator wieder flüssig: Der Kondensator ist Teil eines zweiten Rohrsystems, des Kühlwasserkreislaufs.
Er ist mit kaltem Wasser gefüllt. Im Kondensator verlaufen beide Rohrsysteme nebeneinander. Das Kühlwasser kühlt den Dampf aus der Turbine ab, bis er wieder flüssig ist. Dabei wird das Kühlwasser warm. Das so erwärmte Wasser wird im Kühlturm nach oben gepumpt und zu kleinen Tröpfchen zerstäubt. Die Wassertröpfchen fallen im Turm nach unten. Dabei kühlen sie rasch ab.

## Rauchgasreinigung

Beim Verbrennen (→Verbrennung) von fossilen Energieträgern (→Energie) entsteht Rauch. Darin stecken viele verschiedene Schadstoffe wie Kohlendioxid, Staub und Asche. Damit diese nicht in unsere →Umwelt gelangen, werden die Abgase zunächst in die Rauchgasreinigung geleitet. Jede ihrer Stufen entfernt einen anderen Schadstoff. Der Elektrofilter zum Beispiel beseitigt Staub und Ruß. Er sendet negativ geladene Teilchen aus, die an den Staub- und Rußpartikeln haften. Die positiv geladenen Anoden ziehen die negativ geladenen Teilchen an – und mit ihnen Staub und Ruß.

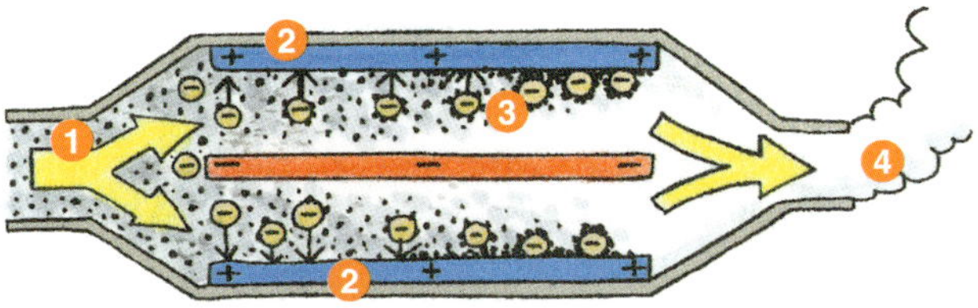


Rauchgasreinigung: 1 Staub- und Rußteilchen, 2 Anode, 3 negativ geladene Teilchen, 4 gereinigte Abgase

### Deine Forscheraufgabe

Bringe Wasser zum Kochen. Halte einen Löffel mit einem Eiswürfel etwa 15 cm über den Topf. Nimm Topflappen und lass dir von einem Erwachsenen helfen. Auf der Unterseite des Löffels haben sich Wassertropfen gebildet. Die Eiswürfel haben den Dampf so weit abgekühlt, dass er wieder zu Wasser wird – wie im Kondensator.

Der Kernreaktor im **Atomkraftwerk** ist eine große Halbkugel aus Beton.

## Schon gewusst?

Atomkraftwerke pusten bei der Stromerzeugung keine Abgase in die Luft. Alte Brennstäbe werden aber zu radioaktivem Abfall, der noch einige 100 000 Jahre gefährliche radioaktive Strahlen (→Radioaktivität) aussenden kann. Diese sind unsichtbar, können aber krank machen und Krebs auslösen. Bei Atomkatastrophen werden ganze Landstriche lebensgefährlich verstrahlt. Darum sind viele Menschen gegen Atomkraftwerke.

## Atomkraftwerk

Das Atomkraftwerk erzeugt →elektrischen Strom nach dem gleichen Prinzip wie andere Wärmekraftwerke auch – mit Wasserdampf (→Dampf): Wasser wird erhitzt, bis es zu Dampf wird. Der heiße Dampf treibt eine →Turbine an, die wiederum einen →Generator in Gang setzt. Dieser erzeugt schließlich den Strom. Die Wärme zum Erhitzen des Wassers entsteht im Atomkraftwerk jedoch nicht durch →Verbrennung, sondern bei der Spaltung von Atomkernen (→Atom). Für diese Kernspaltung wird meist das Metall Uran verwendet. Das Uran wird in Tablettenform in lange Metallröhren gepackt: Das sind die Brennstäbe. Bis zu vier Meter kann ein einzelner Brennstab lang sein. Die Brennstäbe werden zu Paketen, den Brennelementen, zusammengefasst. Sie kommen in einen extrem dicht verschlossenen Behälter im Inneren des Kernreaktors. Hier findet die Kernspaltung statt.

## Kernspaltung

Bei der Kernspaltung im Kernreaktor werden die Uran-Atome (→Atom) in den Brennstäben mit Neutronen beschossen. Die Atomkerne zerfallen dabei blitzschnell in zwei Hälften. Die Kerne sind gespalten. Dabei entsteht eine gewaltige Menge Wärmeenergie (→Energie). Die Brennstäbe werden heiß. Außerdem werden weitere Neutronen frei. Diese Neutronen flitzen umher und spalten andere Uran-Atome. Diese treffen auf weitere Kerne. So entsteht eine Kettenreaktion.

Bei der **Kernspaltung** werden die Brennstäbe sehr heiß. Daher müssen sie nach ihrem Einsatz in einem Wasserbecken abgekühlt werden.

# Sonnenenergie

## Sonnenkraftwerk

Die Sonne sendet mit ihren Strahlen jeden Tag viel mehr → Energie auf die Erde, als wir in einem ganzen Jahr benötigen. Sonnenkraftwerke fangen einen Teil dieser Energie ein und nutzen sie zur Stromproduktion. So lässt sich Strom (→ elektr. Strom) ohne schädliche Abgase oder Abfall produzieren. Und das geht so: Im Mittelpunkt stehen ihre riesigen, gebogenen Spiegel. Fällt Sonnenlicht auf ihre Oberfläche, so lenken sie es in die Spiegelmitte. Hier verläuft eine Röhre. Sie ist mit einer Flüssigkeit, meist einem speziellen Öl, gefüllt. Durch die Wärmeenergie der Sonnenstrahlen wird das Öl extrem heiß. Bis zu 400 °C kann es erreichen. Das heiße Öl wird bis zum Kraftwerksgebäude gepumpt.

Die großen gebogenen Spiegel heißen Parabolrinnen. Deshalb wird das Sonnenkraftwerk auch Parabolrinnenkraftwerk genannt.

Hier bringt es durch seine enorme Hitze Wasser zum Verdampfen (→ Dampf). Wie in einem Wärmekraftwerk strömt der heiße Wasserdampf zu einer → Turbine. Sie beginnt sich zu drehen und mit ihr ein → Generator, der elektrischen Strom produziert.
Bisher gibt es erst einige wenige Sonnenkraftwerke, da die Stromerzeugung damit noch teuer ist. Einige Unternehmen planen nun, gigantische Sonnenkraftwerke genau dort zu bauen, wo besonders viel Platz ist und die Sonne lange scheint: in der Wüste.

### Deine Forscheraufgabe

Auch du kannst Sonnenenergie leicht nutzen. Koche dir zum Beispiel einen Tee. Kleide dafür eine runde Schüssel innen mit Alufolie aus. Stelle sie dann schräg in die Sonne. Wenn du nun ein Gefäß mit Wasser und einem Teebeutel darin in die Mitte der Schüssel stellst, lenken die reflektierenden (→ Reflexion) Schüsselwände die Sonnenstrahlen in die Mitte: Das Teewasser erwärmt sich.

Der Sonnenkollektor ist ein „Sonnensammler".

## Schon gewusst?

Um die Vorräte an fossilen Brennstoffen und unser Klima zu schonen, werden heute immer häufiger erneuerbare Energiequellen genutzt: Dazu zählen unter anderem Sonne, Wind, Wasser und die sogenannte Biomasse. „Erneuerbar" heißen diese Energiequellen, weil wir sie nie aufbrauchen können.

## Sonnenkollektor

Der Sonnenkollektor ist ein flacher schwarzer Kasten. Ihn kannst du auf vielen Hausdächern entdecken. Der Begriff „Kollektor" kommt aus dem Lateinischen und bedeutet „Sammler". Der Kollektor sammelt die →Energie der Sonnenstrahlen ein und erwärmt damit Wasser für die Heizung, zum Baden oder Kochen. Das macht er mithilfe seiner schwarzen Oberfläche, des Absorbers. Denn schwarze Gegenstände heizen sich in der Sonne schnell auf. Wenn du einen schwarzen Fahrradsattel hast, dann kennst du das schon. Unter der schwarzen Oberfläche des Kollektors schlängeln sich Rohre aus Kupfer. Durch sie fließt Wasser. Sobald die Sonne den Absorber erhitzt, erwärmen sich auch die Kupferrohre mit dem Wasser darin. Das heiße Wasser strömt durch Leitungen bis in einen großen Tank, den Wasserspeicher. →Pumpen drücken es dann durch die Wasserleitungen bis ins Badezimmer.

## Fotovoltaikanlage

Eine Fotovoltaikanlage besteht aus vielen →Solarzellen. Solarzellen sind hauchdünne blau-schwarze Scheiben. Sie wandeln Sonnenlicht direkt in →elektrischen Strom um. Solarzellen bestehen aus Silizium, einem sogenannten Halbleiter. Sobald →Licht auf seine Oberfläche fällt, werden in seinem Inneren Elektronen frei und beginnen zu wandern. Es fließt elektrischer Strom.

Fotovoltaikanlagen gibt es nicht nur auf Hausdächern, sondern zum Beispiel auch auf Feldern.

# Wasserkraft

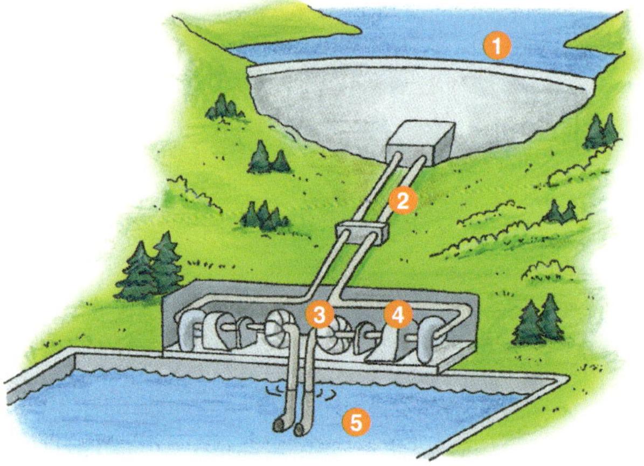


Pumpspeicherkraftwerk: 1 oberes Becken, 2 Rohre, 3 Turbine, 4 Generator, 5 unteres Becken

## Speicherwasserkraftwerk

Ein Speicherwasserkraftwerk liegt an einem riesigen Stausee. In seinem Inneren befindet sich eine gigantische Menge Wasser, die bei Bedarf zur Stromproduktion (→elektr. Strom) genutzt werden kann. Und das funktioniert so: Am unteren Teil der Staumauer ist eine Öffnung, durch die Wasser in ein dickes Rohr strömt. Das Rohr führt nach unten in den Turbinenraum. Hier befindet sich die →Turbine. Die Turbine hat eine besondere Form: Sie sieht aus wie ein liegendes Schneckenhaus. Durch diese „Schneckenhauswindungen" gewinnt das Wasser ordentlich Schwung, bevor es auf die Schaufeln des Laufrades trifft. Die Turbine dreht sich und setzt so den →Generator in Gang. Es entsteht Strom. Das Wasser strömt von der Turbine zum Auslassrohr und von dort in den Fluss.

Das Speicherwasserkraftwerk produziert nur in Zeiten Strom, in denen mehr davon benötigt wird.

## Pumpspeicherkraftwerk

Manchmal produzieren Kraftwerke mehr Strom (→elektr. Strom), als wir gerade benötigen. Ein Pumpspeicherkraftwerk kann einen Teil dieser überschüssigen →Energie speichern. Dafür braucht es zwei Wasserbecken, eines liegt höher als das andere. Mit dem überschüssigen Strom wird das Wasser aus dem unteren Becken durch Rohre nach oben gepumpt. Wird wieder mehr Strom gebraucht, fließt das Wasser zurück nach unten. Das fließende Wasser hat so viel →Kraft, dass es zur Stromproduktion genutzt werden kann.

### Schon gewusst?

Laufwasserkraftwerke nutzen die →Kraft von fließendem Wasser zur Stromerzeugung. Viele sind an Flussufern gebaut. Andere überspannen den Fluss wie eine niedrige Brücke. Ihre →Turbinen werden von der Strömung des Flusses angetrieben. Weil das Wasser ständig fließt, kann das Laufwasserkraftwerk auch ständig Strom (→elektr. Strom) erzeugen.

Im **Wellenkraftwerk** wird eine besondere Turbinenart eingesetzt: Sie dreht sich immer gleich herum, egal in welche Richtung das Wasser fließt.

## Wellenkraftwerk

Nicht nur mit Flüssen und Seen lässt sich Strom (→elektr. Strom) erzeugen – auch das ständige Auf und Ab der →Wellen kann dafür genutzt werden. Wissenschaftler haben sich verschiedene Möglichkeiten ausgedacht, zum Beispiel diese: An der Küste wird eine Betonröhre gebaut. Die Öffnung der Röhre liegt unter der Wasseroberfläche. Schwappt eine Welle durch die Öffnung, drückt sie dabei die Luft im Inneren der Röhre nach oben bis zu einer →Turbine. Die Turbine dreht sich. Zieht sich die Welle wieder zurück, saugt sie dabei auch die →Luft mit hinaus. Die Turbine dreht sich erneut. Bisher gibt es erst ganz wenige dieser Wellenkraftwerke, da ihr Bau noch sehr teuer ist. Dies soll sich jedoch ändern.

## Gezeitenkraftwerk

Das Gezeitenkraftwerk nutzt zur Stromerzeugung (→elektr. Strom) den Unterschied des Wasserstands bei Ebbe und Flut. Diese Wechsel heißen Gezeiten. Für den Bau eines solchen Kraftwerks ist eine gut geschützte Meeresbucht notwendig. Sie wird durch einen stabilen Damm vom Meer abgetrennt. Im Damm befinden sich große Öffnungen. In jeder von ihnen sind eine →Turbine und ein →Generator untergebracht. Bei Flut strömt das Wasser durch die Öffnungen in die Bucht. Der Wasserstrom treibt dabei die Turbinen an. Bei Ebbe zieht sich das Wasser aus der Bucht zurück. Dabei treibt es wieder die Turbinen an. Weil das Wasser abwechselnd aus zwei Richtungen durch die Turbinen strömt, wird hier ein besonderer Turbinentyp mit verstellbaren Schaufelrädern eingesetzt.

Das erste **Gezeitenkraftwerk** der Welt wurde vor über 40 Jahren an der Küste Frankreichs gebaut. Sein Damm hat eine Länge von 750 Metern.

# Windkraft und Bioenergie

## Windkraftanlage

Ganz oben am Turm einer Windkraftanlage (→Windenergie) befindet sich die Maschinengondel. An ihrer Vorderseite ist der →Rotor befestigt. Hier oben pustet der Wind besonders kräftig und gleichmäßig, weil er zum Beispiel nicht von Bäumen gebremst wird. So kann der Wind den Rotor prima in Bewegung versetzen. Der Rotor ist über eine →Welle mit einem →Generator verbunden. Die Welle gibt die Drehbewegung an den Generator weiter. Der Generator wandelt sie dann in →elektrischen Strom um. Neben der Windkraftanlage steht eine Trafostation. Der Trafo (→Transformator) darin wandelt die Spannung des erzeugten Stroms so um, dass er in das Stromnetz eingespeist werden kann.

Die Rotorblätter einer Windkraftanlage (→Windenergie) bestehen aus speziellem Kunststoff. Deshalb sind sie leicht und trotzdem sehr stabil.

Windparks (→Windenergie) auf dem Meer müssen stärksten Stürmen standhalten.

## Windpark

In Windparks (→Windenergie) stehen gleich mehrere Windkraftanlagen. Windparks werden häufig ins Meer gebaut, denn hier gibt es viel Platz. Außerdem bläst der Wind besonders heftig. Diese Windparks werden „Offshore"-Windparks genannt. Der Begriff Offshore ist Englisch und bedeutet so viel wie „vor der Küste" oder „auf dem Meer".

### Schon gewusst?

Aus Biomasse können Treibstoff oder Biogas gewonnen werden. Doch was ist Biomasse genau? Unter Biomasse werden alle pflanzlichen und tierischen Materialien zusammengefasst. Dazu zählen Getreidepflanzen, Gras, Holz, Pflanzen- oder Essensreste und Gülle, das streng riechende Gemisch aus dem Kot und Urin der Tiere.

Biogasanlage: 1 Vorgrube, 2 Fermenter, 3 Gasaufbereitung, 4 Blockheizkraftwerk

## Biogasanlage

Unsere Erdgasvorräte (→Gas) werden nicht ewig halten. Deshalb muss Erdgas künstlich hergestellt werden. Eine Idee ist die Biogasanlage. Du findest sie zum Beispiel auf großen Bauernhöfen oder in Fabriken. Das in der Biogasanlage gewonnene Gas heißt Biogas. Es entsteht, wenn sich Pflanzen zersetzen. Wenn ihr einen Kompost zu Hause habt, dann kennst du diesen Vorgang bestimmt. Im Kompost sorgen winzige Lebewesen, die Mikroorganismen, dafür, dass sich Gemüsereste, Eierschalen und andere Küchenabfälle allmählich in Komposterde verwandeln. Bei einem Teil der Zersetzung, der Gärung, entsteht Gas.
In der Biogasanlage werden natürlich keine Küchen- und Gartenabfälle verwendet: In der Vorgrube landen Pflanzenreste von Mais oder Getreide, aber auch Gülle und Mist. In dem runden Tank, dem Fermenter, findet die Gärung statt. Dabei entsteht das Biogas. Es sammelt sich unter der Kuppel des Fermenters. Bevor es dann ins Erdgasnetz gelangt, wird es in einer speziellen Anlage gereinigt und von unerwünschten Bestandteilen befreit. Erst danach hat das Biogas die gleiche Qualität wie herkömmliches Erdgas.

Dank Blockheizkraftwerk ist dieser Betrieb unabhängig von Stromanbietern.

## Blockheizkraftwerk

In vielen Betrieben ist die Biogasanlage häufig mit einem sogenannten Blockheizkraftwerk verbunden. Das ist praktisch, denn das Blockheizkraftwerk macht aus dem Biogas (→Gas) sowohl Strom (→elektr. Strom) für den Betrieb als auch Wärme, um ihn zu heizen. Und das geht so: Im Blockheizkraftwerk ist ein →Motor direkt mit einem Generator verbunden. Der Motor wird von Biogas angetrieben. Seine Bewegung gibt er an den →Generator weiter. Und dieser erzeugt elektrischen Strom. Weil beim Verbrennen des Biogases im Motor Wärme entsteht, kann der Betrieb gleichzeitig auch noch geheizt werden.

# Technikwissen kompakt von A bis Z

## Achse

Eine Achse ist ein Bauteil, das im Zentrum von drehbaren Gegenständen sitzt. Bei einem Fahrzeug verbindet sie jeweils die zwei gegenüberliegenden Räder.

## Antenne

Eine Antenne sendet oder empfängt Informationen in Form von Wellen. Musik und Texte aus dem Radio werden beispielsweise als Radiowellen gesendet. Diese werden über große Sendeantennen übertragen, die als Masten in der Landschaft stehen. Die Wellen werden durch die Luft zu den Empfangsantennen geleitet. Diese findest du zum Beispiel als einfache Metallstäbe an Radios und Fernsehgeräten.

## Antrieb

Als Antrieb bezeichnet man in der Technik Bauteile, die Energie so nutzen, dass sich Gegenstände in Bewegung setzen. Das kann beispielsweise ein Verbrennungsmotor sein. Er wandelt die Wärmeenergie, die bei der Verbrennung von Kraftstoff entsteht, in Bewegungsenergie um. Bei modernen, umweltfreundlicheren Antrieben wie etwa dem Elektroantrieb oder Solarantrieb spricht man von „alternativen“ Antrieben. Aber auch deine Füße sorgen für einen Antrieb, wenn sie in die Pedale deines Fahrrads treten: Deine Muskelkraft wird dadurch in Bewegungsenergie umgewandelt.

## Atom

Alle Dinge um dich herum sind aus Atomen aufgebaut, zum Beispiel die Luft und die Sonne. Auch du bestehst aus Atomen. Sie sind so winzig klein, dass du sie mit bloßem Auge nicht erkennen kannst. Die Atome bestehen aus drei noch winzigeren Teilen: den Protonen und Neutronen in der Mitte und den Elektronen drumherum. Die Anzahl und die Anordnung der einzelnen Teilchen bestimmen die Eigenschaften von allen Dingen.

## Auftrieb

Auftrieb ist eine nach oben gerichtete Kraft. Sie wirkt dem Gewicht eines Schiffes oder eines Flugzeuges entgegen. So können Schiffe schwimmen und sich Flugzeuge in der Luft halten. Durch die Lufträume im Bauch des Schiffes ist es leichter als das Wasser, das es verdrängt. Dadurch entsteht Auftrieb, der das Schiff vor dem Sinken bewahrt.
Wie hält sich ein Flugzeug in der Luft? Der Auftrieb bildet sich vor allem durch die vorbeiströmende Luft am gewölbten Flügel. Der Weg des auftreffenden Luftstroms ist oberhalb des Flügels so länger als unterhalb. Darum entsteht an der Oberseite ein Unterdruck (Sog), der den Flügel nach oben zieht, und an der Unterseite ein Überdruck, der den Flügel nach oben drückt.

## Automat

Ein Automat ist eine Maschine, die Aufgaben und Abläufe selbstständig ausführt. Es gibt ganz einfache Automaten, wie beispielsweise Getränkeautomaten. Der Futterautomat auf dem Bauernhof ist ein computergesteuerter Automat. Er gibt automatisch immer die richtige Menge Futter aus. In der Industrie erledigen Automaten als Roboter hoch komplizierte Arbeiten.

## Batterie

Eine Batterie erzeugt durch eine chemische Reaktion elektrische Energie, also Strom. Sie besteht aus einem Metallbehälter (das ist der Minuspol), in dem eine leitende Flüssigkeit und eine Chemikalie (das ist der Pluspol) enthalten sind. Sobald du die Batterie etwa in eine Taschenlampe einlegst und diese anknipst, entsteht ein geschlossener Stromkreis: Der Minuspol gibt Elektronen ab. Diese wandern durch die Flüssigkeit zum Pluspol, der die Elektronen aufnimmt. Durch die Bewegung der Elektronen entsteht Strom. Batterien sind irgendwann leer. Es gibt aber auch wiederaufladbare Batterien. Sie heißen Akkumulatoren (Akkus). Batterien gibt es in allen erdenklichen Größen und Formen, da sie je nach Einsatz unterschiedlich stark sein müssen.

## Chip

„Chip“ ist die Abkürzung für „Mikrochip“. Mikrochips findest du in fast allen elektronischen Geräten wie etwa in Computern, Radios oder auch in ferngesteuerten Autos. Ein Mikrochip ist eine kleine Scheibe aus dem chemischen Element Silizium, in die unzählige kleine Bauteile (Schaltungen) eingesetzt sind, die elektrische Signale verarbeiten oder speichern können.
Einige Mikrochips speichern nur Informationen. Wenn sie, wie in einem Computer, komplizierte Rechenaufgaben ausführen, nennt man sie Mikroprozessoren.

## Computer

Computer sind aus unserem Alltag nicht mehr wegzudenken. Du findest sie nicht nur zu Hause oder in der Schule. Mithilfe dieser elektronischen Rechner werden auch Flugzeuge, Industrieroboter oder medizinische Geräte gesteuert. Computer bestehen aus zahlreichen technischen Bauteilen, die Hardware genannt werden. Die Programme, die ein Computer ausführen kann, nennt man Software. Damit ein Computer überhaupt funktioniert, muss die Software erst von Programmierern erstellt und eingegeben werden. Der Computer wandelt alle diese Informationen in Computersprache um, die aus Nullen und Einsen besteht, den sogenannten Bits. Anhand der Zahlenkombinationen errechnet der Computer dann blitzschnell, welche Aufgaben er auszuführen hat.

## Dampf

Wasser kann in verschiedenen Erscheinungsformen auftreten: fest (als Eis), flüssig und gasförmig (als Dampf). Dampf entsteht beispielsweise, wenn du Wasser kochst. Die Wärme bringt die Wasserteilchen so stark in Bewegung, dass sie verdampfen. Das bedeutet, sie verlassen als Gasteilchen den Topf. Dampf braucht mehr Platz als Wasser. Deshalb erhöht sich der Druck, wenn Dampf in einem geschlossenen Behälter entsteht. Diesen Druck kann man nutzen, um Antrieb zu erzeugen. In einem Kraftwerk kann durch Wasserdampf eine Turbine angetrieben werden, die wiederum einen Generator antreibt, der dann Strom erzeugt.

## digital

CDs, Computer und viele Kameras funktionieren digital. Das bedeutet, sie wandeln eingegebene Informationen wie Texte oder Bilder in Zahlenreihen um. Meistens sind dies Zahlenreihen des Binärsystems. Es besteht nur aus Nullen und Einsen, den sogenannten Bits. Dabei steht jede Zahlenfolge für eine bestimmte Information, zum Beispiel dafür, wie groß ein Foto sein soll.

## Display

Das Wort Display kommt aus dem Englischen und heißt übersetzt „Anzeige". Ein Display ist ein kleiner Bildschirm, auf dem optische Informationen wie Bilder, Texte oder Filme angezeigt werden können. Displays sind heute sehr oft zu finden, zum Beispiel bei Digitalkameras, Fahrkartenautomaten und Smartphones. Man unterscheidet Displays nach ihrer Funktionsweise und der Höhe ihrer Auflösung, d. h. nach der Datenmenge, die sie anzeigen können. Displays mit höherer Auflösung liefern schärfere Bilder. Manche Displays werden über Tasten bedient. Der Touchscreen wertet auch Befehle aus, die durch Druck auf die Oberfläche eingegeben werden.

## Druck

Druck heißt die Kraft, die auf eine bestimmte Fläche wirkt. Wenn du zum Beispiel einen Ball gegen eine Wand schießt, übst du Druck auf den Ball und die Wand aus. Aber auch ohne unseren Einfluss herrscht überall auf der Erde stets Druck, das ist der Luftdruck. Luft hat ein bestimmtes Gewicht. Die Luft drückt auf die Erdoberfläche.

## Düse

Eine Düse ist ein stabiles Rohr, das Gase, Feststoffe oder Flüssigkeiten lenkt und deren Geschwindigkeit erhöht. Düsen findest du beispielsweise in den Triebwerken der Düsenflugzeuge. Durch sie werden die heißen Verbrennungsgase unter hohem Druck nach hinten ausgestoßen, wodurch der Schub entsteht.

# Technikwissen kompakt von A bis Z

## Echo

Wenn Rufe, also Schallwellen, an ein Hindernis wie etwa eine Felswand prallen, werden sie zurückgeworfen. Du hörst nach kurzer Zeit ein Echo. Anhand dessen kannst du Entfernungen messen: Schallwellen bewegen sich in einer Sekunde etwa 330 Meter weit fort. Wenn du nach einer Sekunde das Echo hörst, ist das Hindernis aber nur 165 Meter entfernt. Die Schallwellen legen den Weg nämlich zweimal zurück, zum Hindernis hin und zurück zu dir.

## Elektrische Spannung

Die elektrische Spannung ist nötig, damit der Strom überhaupt fließen kann. Zwischen dem Minuspol und dem Pluspol einer Batterie herrscht beispielsweise Spannung, weil am Minuspol mehr Elektronen vorhanden sind als am Pluspol. Sobald du die Batterie in eine Taschenlampe einlegst, schließt sich über den Draht der Birne der Stromkreis. Nun sind die Pole verbunden und die Elektronen flitzen so schnell es geht zum Pluspol, um den Elektronenmangel dort auszugleichen. Jetzt erst fließt der Strom. Die Spannung wird in Volt gemessen.

## Elektrischer Strom

Elektrischer Strom ist Energie, mit der elektrische Geräte betrieben werden. Erzeugt wird er in Kraftwerken aus Erdöl, Kohle, Gas, Atomkernspaltung, Sonne, Wasser oder Wind. Mithilfe von Leitungen, die über hohe Masten oder unterirdisch entlangführen, gelangt der Strom in unsere Häuser. Strom ist unsichtbar. Er besteht aus Elektronen, die sich fortbewegen. Unsere Kraftwerke produzieren Wechselstrom. Die Stromrichtung wechselt ca. 50-mal in der Sekunde. Wechselstrom kann in seiner Stärke verändert und so über weite Strecken bis in unsere Häuser geleitet werden. Batterien liefern Gleichstrom. Er fließt nur in eine Richtung.

## Energie

Energie nennt man die Fähigkeit, Arbeit zu verrichten. Energie kann nicht erzeugt werden, sondern wird immer nur in andere Formen der Energie umgewandelt. Die meiste Energie auf der Erde stammt von der Sonne. In Kraftwerken werden Kohle oder Gas als Energiequellen genutzt und in elektrische Energie umgewandelt: Die Kohle wird verbrannt, und es entsteht Wärme. Diese Wärmeenergie lässt Wasser verdampfen. Der Wasserdampf treibt die Schaufelräder einer Turbine an, die sich dadurch drehen und wiederum einen Generator antreiben. Dieser wandelt die mechanische Energie der Drehbewegung in elektrische Energie, also in Strom, um.
Die Menschen brauchen viel Energie. Energieträger wie Kohle, Erdöl oder Erdgas werden aber irgendwann aufgebraucht sein. Deshalb versuchen wir, immer mehr Energie aus Wind, Wasser und Sonne zu gewinnen. Außerdem ist dies umweltfreundlicher. Auch wir nehmen Energie durch Nahrungsmittel auf, damit wir arbeiten können.

## Filter

Ein Filter funktioniert ähnlich wie ein Sieb. Durch seine Poren gelangen nur bestimmte Stoffe. In Fabriken, in denen bei der Herstellung Schadstoffe entstehen, reinigen Schadstofffilter die Luft von giftigen Gasteilchen. Es gibt auch Filter, bei denen die Giftstoffe durch eine chemische Reaktion unschädlich gemacht werden.

## Flaschenzug

Ein Flaschenzug ist eine einfache Maschine: Ein Seil läuft über mehrere Rollen. Das lose Seilende liegt über einer Rolle, die fest an einer Halterung angebracht ist. Die Last ist an einer Rolle befestigt, die frei beweglich ist. Wenn du nun am losen Seilende ziehst, brauchst du viel weniger Kraft, um die Last anzuheben. Das Gewicht verteilt sich nämlich auf die einzelnen Seilstücke. Auch Kräne arbeiten mithilfe eines Flaschenzugs.

## Funkwellen

Mithilfe von Funkwellen kannst du Informationen ohne Kabel übertragen. Nicht nur Funkgeräte, auch Handys funktionieren über Funk. Sprache besteht aus Schallwellen. Wenn du jemanden anrufst und ins Mikrofon des Handys sprichst, werden sie in elektrische Signale umgewandelt. Diese werden dann von der Antenne im Handy als Funkwellen durch die Luft zu einem großen Antennenmast gesendet. Dieser leitet die Funkwellen über Zwischenstationen an die Handyantenne des Angerufenen weiter. Wenn du vom Handy ein Festnetztelefon anrufst, leitet die Antenne die Funkwellen als elektrische Signale durch Kabel weiter. Auch Texte und Bilder können über Funkwellen übertragen werden.

## Gas

Ein Stoff kann fest, flüssig oder gasförmig sein. Ein Gas ist ein meist farbloser, luftartiger Stoff. Die Teilchen im Gas bewegen sich im Gegensatz zu flüssigen oder festen Stoffen frei, weil sie nur leicht verbunden sind. Viele Eigenschaften von Gasen sind nützlich für dich. Da Gase sich beim Erwärmen besonders schnell ausdehnen, kann man mit ihnen beispielsweise Druck erzeugen.

## Gebläse

Mit einem Gebläse kann man unter anderem Bauteile vieler Maschinen kühlen oder Tunnel belüften. Ein Gebläse besteht aus einem starken Ventilator, der in einem Gehäuse sitzt. Wenn die Blätter seines Laufrades rotieren wird die Luft von hinten angesaugt und vorne wieder hinausgeblasen.

## Gemisch

Ein Gemisch ist ein Stoff, der aus mindestens zwei reinen Stoffen besteht, die wieder getrennt werden können. Es gibt feste, flüssige und gasförmige Gemische. Milch ist beispielsweise ein flüssiges Gemisch aus Fett und Wasser.

## Generator

Ein Generator erzeugt Strom. Er wandelt Bewegungsenergie in elektrische Energie um. In seinem Inneren befinden sich ein sich drehender Magnet und mehrere Spulen aus gewickeltem Draht. Das Wichtigste ist das Magnetfeld, das sich bewegt und so Spannung erzeugt. Durch die Spannung können Elektronen in den Drahtspulen fließen: Strom ist entstanden. Bewegt wird ein Generator in den Kraftwerken durch Dampfturbinen oder auch von Wasser getriebenen Turbinen. Auch der Dynamo an deinem Fahrrad ist ein kleiner Generator. Er wandelt die Bewegung des Reifens in Strom für die Fahrradlampe um.

## Getriebe

Ein Getriebe überträgt und verändert die Kraft von Drehbewegungen. Es besteht aus mehreren kleinen und großen Zahnrädern, die ineinandergreifen. Ein Auto besitzt zum Beispiel ein Getriebe. Mit der Gangschaltung werden die Zahnräder ineinander verschoben. So wird die Kraft des Motors in einem anderen Verhältnis an die Räder übertragen. Du kannst dir das auch wie bei der Gangschaltung an deinem Fahrrad vorstellen. Wenn du die verschiedenen Gänge schaltest, legt sich die Fahrradkette auf verschieden große Zahnräder um.

## Glühlampe

Eine Glühlampe erzeugt künstliches Licht. Sie besteht aus einem Glaskolben, in dem sich ein gekringelter Metallfaden befindet. Das ist der Glühdraht. Wenn Strom durch den Faden fließt, erhitzt er sich und fängt an zu glühen. Der Grund für das Glühen ist, dass der Faden einen Widerstand bietet. Er kann nicht den ganzen Strom weiterleiten, den er erhält. Damit der Faden nicht verbrennt, befindet sich in der Glühbirne spezielles Gas. Glühbirnen wandeln leider nur wenig Energie in Licht um, und zwar nur 5 Prozent. 95 Prozent werden in Wärme umgewandelt. Deshalb kann man in vielen Ländern wie etwa in Deutschland nur noch Energiesparlampen kaufen. Das sind Leuchtstofflampen, deren Glasinnenseite mit einem Leuchtstoff beschichtet ist. Sie wandeln fast die Hälfte der Energie in Licht um und helfen deshalb dabei, Strom zu sparen.

## Hebel

Ein Hebel ist eine einfache Maschine. Mit ihm kannst du Kräfte von einem Ort an den anderen übertragen und dabei auch verstärken. Ein Hebel funktioniert wie eine Wippe, die aus einem festen Brett besteht, das in der Mitte, dem sogenannten Drehpunkt, aufliegt. Drückt man auf der einen Seite des Brettes, kann man auf der anderen Seite eine Last leichter anheben als mit Muskelkraft. Die Wippe auf dem Spielplatz funktioniert nach demselben Prinzip, denn auch sie ist ein Hebel.

## Heizspirale

Eine Heizspirale besteht aus einem Draht, der sich beim Durchfließen von Strom erhitzt. Sie funktioniert im Prinzip genauso wie eine Glühlampe. Allerdings wird nicht das Licht als Energie genutzt, sondern die Hitze, die dabei entsteht. Ein Haarföhn besitzt beispielsweise eine Heizspirale. Der Ventilator bläst Luft über sie hinweg, und dadurch wird die ausströmende Luft erwärmt.

## Hydraulik

Bei der Hydraulik wird der Druck von Flüssigkeiten genutzt, um große Kraft auszuüben. So können Maschinen bewegt oder schwere Gegenstände angehoben werden. Dafür wird beispielsweise durch den Tritt auf ein Pedal Flüssigkeit wie Wasser oder Öl über Schläuche in einen Zylinder gedrückt. Da die Flüssigkeit nicht ausweichen kann, entsteht im Zylinder ein hoher Druck. Dadurch wird ein Kolben bewegt, der im Zylinder sitzt. Dieser gibt die Kraft beispielsweise an eine Baggerschaufel weiter, und sie hebt und senkt sich.

## Kabel

Ein Kabel besteht aus dünnen Metalldrähten, die den Strom leiten können, und einem Mantel aus Kunststoff, der den Strom nicht leitet. Glasfaserkabel sind ganz besondere Kabel: In ihnen flitzen Lichtsignale nicht durch Metalldrähte, sondern durch hauchdünne Glas- oder Kunststofffasern ans Ziel.

## Kompressor

Ein Kompressor ist eine Maschine, die Gase in einem geschlossenen Raum zusammenpresst. Durch das Verdichten des Gases erhöht sich sein Druck, und es wird dadurch extrem heiß. Ein Kompressor kann für Antriebe wie etwa den Düsenantrieb eines Flugzeugs genutzt werden. Der Kompressor im Düsentriebwerk presst die angesaugte Luft zusammen. Wird sie nun zusammen mit Treibstoff in die Brennkammer geleitet, verbrennt der Treibstoff schlagartig. Die Verbrennungsgase werden unter hohem Druck durch das Triebwerk ausgestoßen. So entsteht der Schub für das Flugzeug.

## Kondensation

Gase, die man abkühlt, werden flüssig. Dieser Vorgang wird als Kondensation bezeichnet. Du kannst ihn zum Beispiel im Badezimmer beobachten: Wenn du heiß duschst und es kühl ist, dann beschlägt der Spiegel. Die Dampfteilchen kondensieren am kühlen Spiegel und werden wieder zu Wasserteilchen.

## Kraft

Eine Kraft kann Dinge bewegen und verformen. Es gibt sie in allen möglichen Formen. Mit deiner Muskelkraft kannst du beispielsweise Fahrrad fahren. Hörst du auf zu treten, bringt dich die Reibungskraft, die zwischen Reifen und Straße

entsteht, irgendwann zum Stehen. Wenn du dann nicht aufpasst, kippst du um. Die Ursache dafür ist die Schwerkraft, die dich und dein Rad Richtung Boden ziehen will. Wissenschaftlich betrachtet ist Kraft eine physikalische Größe. Der Zusammenhang von Kraft und ihrem zurückgelegten Weg wird Arbeit genannt. Um die Arbeit zu verrichten, benötigt man Energie. Im Falle deiner Muskelkraft erhältst du sie vor allem aus Nahrungsmitteln.

## Laserstrahl

Ein Laserstrahl ist ein dünner Lichtstrahl, der nur auf einen bestimmten Punkt fällt. Der Lichtstrahl wird im Laser durch Elektronenbewegung erzeugt und zwischen Spiegeln hin und her geleitet. So verstärkt er sich und wird gebündelt. Ein Laserstrahl besitzt viel Energie. Schwächere Laser können durch Abtasten Daten von CDs, DVDs oder auch Strichcodes auslesen. Mit den scharf gebündelten Strahlen kann man sogar Metalle schneiden oder bohren. Sie werden auch bei Operationen oder bei der Produktion in Fabriken eingesetzt.

## Lautsprecher

Ein Lautsprecher ist ein Umwandler. Er wandelt elektrische Signale in Musik, Geräusche oder Sprache um. Er arbeitet umgekehrt wie ein Mikrofon.

## Leiter

Ein Leiter ist ein Stoff, der Energie von einem Ort zum nächsten transportieren kann, zum Beispiel Strom, Wärme oder elektromagnetische Wellen wie Licht oder Radiowellen. Viele Metalle sind gute Leiter, weil sich die Elektronen in ihnen frei bewegen können. Leiter in Kabeln sind beispielsweise oft aus dem Metall Kupfer. Es gibt auch Stoffe, die kaum Energie leiten können – wie etwa Glas oder Kunststoff.

## Licht

Licht ist Energie, die du sehen kannst. Es bewegt sich in Wellen vorwärts, und zwar unfassbar schnell. In nur einer Sekunde legt es 300 000 Kilometer zurück – das ist fast 7,5-mal um den Äquator herum! Weil Licht so schnell ist, wird es auch zum Übertragen von Daten über weite Strecken benutzt. In Glasfaserkabeln flitzen Informationen als Lichtsignale zum Beispiel von einem Computer zum anderen. Auch auf den Meeresböden sind Glasfaserkabel verlegt. So kannst du beispielsweise in Deutschland eine E-Mail nach Amerika schicken, und sie landet nur mit geringer Verzögerung im Postfach des Empfängers.

## Luft

Luft ist überall um dich herum. Alle Lebewesen auf der Erde brauchen sie zum Leben. Luft ist ein Gasgemisch, das vor allem aus Sauerstoff und Stickstoff besteht. Auch wenn Luft unsichtbar und geruchlos ist, hat sie doch ein Gewicht. Dieses Gewicht, das die Luft auf die Erde ausübt, wird Luftdruck genannt. Wind ist Luft, die sich bewegt. Er kann beispielsweise Auftrieb für Segelflugzeuge erzeugen. Warme Luft ist leichter als kalte Luft und steigt nach oben. Deshalb können zum Beispiel Heißluftballons fliegen.

## Luftwiderstand

Wohin auch immer du dich bewegst, trifft Luft auf deinen Körper (es sei denn, du befindest dich unter Wasser). Dabei bietet sie dir einen Widerstand, der dich abbremst. Das merkst du vor allem bei starkem Wind. Je kleiner die Fläche ist, auf die der Luftstrom von vorne trifft, desto weniger wird ein Körper vom Luftwiderstand abgebremst. Wenn du dich beim Radfahren nach vorne beugst, bremst die Luft dich weniger ab. Deshalb besitzen zum Beispiel auch Sportwagen flache Frontscheiben. So werden sie von dem Fahrtwind viel weniger abgebremst als etwa ein Bus. Man sagt auch, sie sind windschnittiger, weil sie den auftreffenden Luftstrom vorteilhafter trennen.

## Magnet

Ein Magnet ist ein Eisenstück, das andere Metalle anziehen kann. Er besitzt zwei Enden, einen Nordpol und einen Südpol. Diese ziehen sich gegenseitig an. Dadurch entsteht ein Magnetfeld aus unsichtbaren Linien um den Magneten herum, in dem die Anziehungskräfte wirken. Wenn ein Metallstück in das Magnetfeld gerät, wird es vom Magneten angezogen.

## Magnetfeld

Um einen Magneten herum befindet sich ein unsichtbares Magnetfeld. Hier wirken magnetische Kräfte. Ein Magnetfeld macht es auch möglich, Strom fließen zu lassen. Die Generatoren in den Kraftwerken besitzen Magnete, die sich im Inneren von Spulen, also aufgewickelten Drähten, drehen. Das Magnetfeld bewegt sich und erzeugt nun Spannung. Das bedeutet, die Elektronen bewegen sich in der Spule, und der Strom kann fließen.

## Magnetismus

Magnetismus ist eine Kraft, die du nicht sehen kannst. Sie zieht Eisen, aber auch andere Metalle an. Magnetismus findest du nicht nur bei Stab- oder Hufeisenmagneten, wie du sie vielleicht schon aus der Schule kennst. Auch jeder elektrische Strom in einem Leiter erzeugt ein kleines Magnetfeld. Wenn man den leitenden Draht zu einer Spule aufwickelt, ist das Magnetfeld noch stärker. Ein zusätzlicher Eisenkern oder Magnet in der Mitte einer Spule verstärkt das Feld sogar noch. Solche starken Magnete nennt man Elektromagnete.

## Maschine

Durch eine Maschine kannst du viele Arbeiten schneller und leichter erledigen. Viele Maschinen werden elektronisch gesteuert, manche kannst du mit der Hand bewegen. Eine der einfachsten Maschinen ist der Hebel. Mit seiner Hilfe kann man schwere Gegenstände heben. Diese Maschine kennen die Menschen schon seit Jahrtausenden. Große Maschinen kommen auf Baustellen, in Fabriken oder der Landwirtschaft zum Einsatz. Auch bei dir zu Hause findest du eine Menge Maschinen wie die Bohrmaschine, das Handrührgerät oder den Staubsauger.

## Mikrofon

Ein Mikrofon funktioniert umgekehrt wie ein Lautsprecher. Es wandelt die Schallwellen von Sprache oder Gesang in elektrische Signale um.

## Mikrowellen

Mikrowellen bestehen genau wie Licht oder Radiowellen aus elektromagnetischen Wellen. Sie haben die Fähigkeit, Wasserteilchen in der Nahrung zum Schwingen zu bringen. Dadurch reiben die Wasserteilchen heftig aneinander, und es entsteht Wärme. Auf diese Weise werden die Nahrungsmittel im Mikrowellenherd erwärmt.

## Motor

Ein Motor setzt etwas in Bewegung und treibt es mit Kraft an. Dabei wandelt er eine Energie in eine andere Energie um. Es gibt Verbrennungsmotoren wie den Automotor. Er wandelt die Wärmeenergie, die bei der Treibstoffverbrennung im Zylinder entsteht, in Bewegungsenergie für das Auto um. Elektrolokomotiven fahren mit Elektromotoren. Sie wandeln elektrischen Strom in Bewegungsenergie um.

## Naturwissenschaft

Die Physik, Chemie und Biologie zählen zu den Naturwissenschaften. Die Naturwissenschaftler beobachten und erforschen die Natur um uns herum. Mit Natur ist nicht nur die belebte Natur mit allen Lebewesen gemeint, sondern auch die unbelebte Natur mit ihren Sternen, Atomen und auch dem Wetter. Durch die Experimente können sie bestimmte Regelmäßigkeiten in der Natur finden und Naturgesetze aufstellen. Dass die Erdanziehungskraft immer und an jedem Punkt auf uns wirkt, ist beispielsweise so ein Naturgesetz.

## Objektiv

Ein Objektiv besteht aus mehreren gewölbten Linsen, die aus Glas bestehen. Kameras, Mikroskope oder Teleskope besitzen ein Objektiv. Die gewölbten Linsen sammeln das Licht ein, und so wird ein Abbild der Umgebung erzeugt, beispielsweise auf einem Film. Bei der Digitalkamera wird das Licht in elektronische Signale umgewandelt, und das Bild erscheint auf dem Display.

## Propeller

Ein Propeller erzeugt Antrieb, zum Beispiel für Flugzeuge. Er besteht aus sternförmig angeordneten Flügeln, die sich um eine Welle drehen. Wenn ein Luftstrom auf einen sich drehenden Propeller trifft, entsteht an den Propellerflügeln ein Sog, das heißt ein Unterdruck. Die Propellerflügel schieben so das Flugzeug nach vorne. Auch Schiffe besitzen als Antrieb einen Propeller: die Schiffsschraube. Sie drückt beim Drehen den Wasserstrom nach hinten weg, sodass das Schiff vorwärtsschwimmt.

## PS

PS ist die Abkürzung für Pferdestärken. In Pferdestärken wurde früher die Leistung eines Motors beschrieben. 1 PS entspricht dabei der Leistung, die ein Pferd aufbringen muss,

um einen 500 kg schweren Wagen einen Hang hinaufzuziehen. Heutzutage wird die Leistung des Motors offiziell in der Einheit Kilowatt gemessen.

## Pumpe

Mit einer Pumpe werden Flüssigkeiten und Gase unter Druck befördert. Es gibt verschiedene Arten von Pumpen. Eine Kolbenpumpe beispielsweise befördert Gase oder Flüssigkeiten durch einen bewegten Kolben in einem Zylinder weiter. Die Fahrradluftpumpe zählt zu den Kolbenpumpen.

## Rad

Das Rad ist eine der ersten und praktischsten Erfindungen der Menschheit. Schwere Lasten lassen sich viel leichter durch Rollen transportieren als durch Ziehen oder Schieben. Die ersten Räder bestanden aus Scheiben von abgeschnittenen Baumstämmen. Später folgten die leichteren Speichenräder, mit denen man viel schneller fahren konnte. Heutzutage besitzen die meisten Räder gefüllte Gummireifen, die ein bequemeres Fahren ermöglichen.

## Radar

Mit dem Radar können Entfernungen gemessen werden. Die Radarwellen werden an einem Gegenstand reflektiert und wie ein Echo zurückgeworfen. Anhand der Zeit, die das Echo dafür braucht, kann das Radar die Entfernung berechnen. So erkennen

Fluglotsen zum Beispiel, wo sich ein Flugzeug am Himmel befindet. Radarfallen berechnen mithilfe der Radarwellen die Entfernung eines Autos und erkennen so, ob es zu schnell fährt.

## Radioaktivität

Radioaktivität entsteht, wenn Atomkerne zerfallen. Dabei wird radioaktive Strahlung frei, die sehr viel Energie enthält. Mit dieser Energie wird in Kernkraftwerken Wasser erwärmt, wodurch Dampf entsteht, der eine Turbine antreibt. So erzeugt man aus Kernenergie Strom. Radioaktive Strahlen sind allerdings sehr gefährlich. Wenn sie ungewollt austreten, dann wird die Umwelt auf viele Jahre verseucht und unzugänglich. Außerdem gibt es nur wenige unterirdische Orte, wo der radioaktive Müll, der in den Kernkraftwerken entsteht, gelagert werden kann. Deshalb werden in Deutschland die Kernkraftwerke nach und nach abgeschafft.

## Reflexion

Wenn Licht auf einen Gegenstand trifft und wieder zurückgeworfen wird, spricht man von Reflexion. Je nachdem, wie viel Licht reflektiert wird, entsteht eine andere Farbe in unserem Auge. Weiße Gegenstände reflektieren das gesamte Licht, schwarze Gegenstände schlucken alle Lichtstrahlen. Glatte Oberflächen reflektieren besser als solche, die rau oder unruhig aufgebaut sind. Nicht nur Licht reflektiert, sondern auch Schall, Wärme oder andere Wellen.

## Reibung

Reibung entsteht, wenn sich zwei Gegenstände oder Körper berühren und bewegen. Dabei wirkt die Reibung der Bewegung entgegen, also genau in die andere Richtung. Darum ist Reibung eine Kraft. Beim Fahrradfahren entsteht Reibung zwischen Reifen und Straße, die du mit deiner Trittkraft überwinden musst. Tust du das nicht, rollt dein Rad irgendwann aus. Die Reibung bringt es zum Stehen.

## Roboter

Ein Roboter ist eine Maschine, die für dich komplizierte oder schwierige Aufgaben übernimmt. Dafür muss er vom Menschen immer erst programmiert werden. Roboter können ganz verschieden aussehen und unterschiedliche Aufgaben erfüllen. In Fabriken der Industrie werden sie als Schweißroboter eingesetzt, die nur aus einem Greifarm bestehen. Staubsaugerroboter sehen aus wie flache Scheiben. In Science-Fiction-Filmen gibt es oft Roboter, die wie Menschen aussehen und sich auch so bewegen.

## Röntgenstrahlen

Röntgenstrahlen haben die Fähigkeit, durch Körper hindurchzudringen. So können einige Stoffe wie etwa Knochen oder Metall sichtbar gemacht werden. Beim Röntgen eines Körpers lassen die Knochen die Röntgenstrahlen nicht so gut hindurch wie die Organe. Deshalb werden die Knochen als „Hindernis“ auf einer Folie sichtbar. Auch Gepäckstücke bei der Gepäckkontrolle am Flughafen werden mit Röntgenstrahlen durchleuchtet. So können gefährliche Gegenstände aus Metall wie Waffen auf einem Bildschirm entdeckt werden. Das Metall lässt genau wie Knochen die Röntgenstrahlen nicht so gut durch.

## Rotor

Ein Rotor besitzt lange Flügel, die sich drehen. Bei einem Hubschrauber beispielsweise sorgt der Rotor durch die Luftströmung für den Auftrieb. Seine Rotorblätter funktionieren dabei ähnlich wie ein Propeller. Sie dienen aber auch als Tragfläche. Die Rotorblätter können sich außerdem neigen, und ihr Winkel lässt sich verstellen. Dadurch kann ein Hubschrauber gesteuert werden.

## Rückstoßprinzip

Raketen und Düsenflugzeuge nutzen das Rückstoßprinzip als Antrieb. In den Triebwerken wird Treibstoff verbrannt, und heiße Gase bilden sich, die mit hoher Geschwindigkeit nach hinten austreten. Dadurch entsteht ein Schub, der die Rakete und das Düsenflugzeug „anstößt“. Aber auch ein einfacher Luftballon, aus dem Luft austritt, fliegt aufgrund des Rückstoßprinzips davon.

## Satellit

Ein Objekt, das auf einer Umlaufbahn ein anderes Objekt umkreist, ist ein Satellit. Der Mond kreist um die Erde und ist somit ein Satellit. Es gibt auch zahlreiche künstliche Satelliten, die unsere Erde auf einer Umlaufbahn umkreisen. Wettersatelliten senden uns Bilder von Wolken, Fernsehsatelliten übertragen die Fernsehsignale von einem Ort zum anderen, Navigationssatelliten helfen uns bei der Positionsbestimmung. Alle künstlichen Satelliten werden von Raketen ins All befördert.

## Schallwellen

Sprache, Musik und Geräusche bestehen aus Schallwellen, die als Schwingungen durch die Luft geleitet werden.
Wie sie entstehen, kannst du sehen, wenn du die Saiten einer Gitarre zupfst. Die Saiten schwingen und versetzen dadurch auch die benachbarte Luft in Schwingung. So gelangt die Schwingung bis zu deinem Ohr und wird dort hörbar.
Weil Schallwellen von Hindernissen reflektiert und als Echo zurückgeworfen werden, kann man mit ihnen Entfernungen messen. Schiffe sind mit einem Sonar, einer Art

„Wasserschallgerät", ausgestattet. Es sendet Schallwellen Richtung Meeresboden aus und misst so, wie tief das Meer ist. Auch Tiere wie Fledermäuse oder Delfine orientieren sich mithilfe des Schalls.

## Sensor

Ein Sensor ist ein Messgerät, mit dem beispielsweise Licht, Temperatur oder Druck gemessen werden können. Viele technische Geräte besitzen Sensoren. Ihre gemessenen Daten werden ausgewertet und verarbeitet. Ein praktisches Beispiel für Sensoren sind Bewegungssensoren. Sie erkennen meistens anhand der Wärme, die ein Körper abstrahlt, dass jemand einen Raum oder den Bereich vor einem Haus betritt, und schalten automatisch das Licht an.

## Signal

Ein Signal zeigt oder transportiert Informationen. Als elektrisches Signal bezeichnet man Strom, dessen Eigenschaften verändert werden, sodass Informationen übertragen werden können. Die veränderte Eigenschaft kann z. B. eine veränderte Spannung sein oder auch einfach nur „Strom an" oder „Strom aus".

## Solarzelle

In Solarzellen kann mithilfe von Sonnenenergie Strom erzeugt werden. Anders als ein Sonnenkollektor, der Wasser erhitzt, erzeugen sie direkt Strom. Möglich macht das ihr Baumaterial: Silizium. Auf Silizium erzeugt einfallendes Licht frei bewegliche Elektronen. Wird der Stromkreis geschlossen, indem über Leitungen Geräte an die Solarzelle angeschlossen werden, kann der Strom fließen. Die Stromerzeugung durch Solarzellen nennt man Fotovoltaik.

## Steckdose

Über Steckdosen gelangt der Strom aus Kraftwerken in unser Haus. Steckdosen besitzen zwei nebeneinanderliegende Löcher. In den Löchern sitzt jeweils ein Kontakt. Aus einem der Löcher kommt der Strom aus dem Kraftwerk an. Wenn du einen Stecker in die Steckdose steckst, verbindet er die beiden Kontakte in den Löchern. Jetzt kann der Strom über den Stecker durch das andere Loch zum Kraftwerk zurückfließen, und der Stromkreis ist geschlossen.

## Stromkreis

Nur in einem geschlossenen Stromkreis kann Strom fließen. Solange zum Beispiel bei der Batterie einer Taschenlampe die beiden Pole nicht durch Anknipsen verbunden werden, können keine Elektronen vom Minus- zum Pluspol wandern. Somit fließt kein Strom. Auch an einer Steckdose muss erst ein Verbraucher wie etwa eine Glühlampe angeschlossen werden, damit Strom fließen kann.

## Technik

Technik nennt man von Menschen geschaffene Maschinen, Werkzeuge oder auch Baustoffe, die uns Arbeiten und das Leben erleichtern. Es gibt verschiedene Spezialgebiete der Technik wie zum Beispiel die Raumfahrttechnik, die Elektrotechnik oder die Medizintechnik. In allen Bereichen wird an neuer Technik geforscht. Wenn man z. B. sagt, ein Auto ist auf dem neuesten Stand der Technik, meint man damit, dass die Bauteile nach den neuesten Erkenntnissen von Ingenieuren und Wissenschaftlern hergestellt sind.

## Transformator

Ein Transformator, kurz Trafo genannt, verändert die Höhe einer elektrischen Spannung. Im Trafo sitzt ein Eisenkern zwischen zwei Spulen. Sie wandeln die Spannung am Anfang des Trafos um, sodass diese sich am Trafoausgang erhöht oder kleiner wird. Der Strom aus dem Kraftwerk wird für den Transport mit einer hohen Spannung von bis zu 380 000 Volt weitergeleitet. In mehreren Stufen drosseln Transformatoren die Spannung runter, sodass sie am Ende in allen Steckdosen 230 Volt beträgt.

## Treibhauseffekt

Der Treibhauseffekt erwärmt unsere Erde. Das ist eigentlich ein ganz natürlicher Vorgang. Ohne ihn wäre es auf der Erde bitterkalt. Sonnenstrahlen werden von unserer Erde als Wärmestrahlen reflektiert. Die Treibhausgase in der Atmosphäre, wie das Kohlendioxid, lassen die Wärmestrahlen nicht entweichen und schicken sie wieder auf die Erde zurück. Die Gase funktionieren also wie die Scheiben eines Treibhauses für Pflanzen. Zu viel Treibhausgas verstärkt aber den Treibhauseffekt, der für uns eigentlich lebensnotwendig ist: Zu wenig Wärmestrahlen verlassen die Erde, und es wird immer heißer. Das führt zu gefährlichen Klimaveränderungen auf der Erde. Deshalb ist das Kohlendioxid, das beispielsweise durch Autoabgase in die Luft gelangt, so schädlich.

## Turbine

Eine Turbine leitet Bewegungsenergie an einen Generator weiter, der daraus elektrische Energie produziert. Das Wesentliche einer Turbine ist ein Schaufelrad, das an einer Welle befestigt ist. Strömt eine Flüssigkeit, Dampf oder ein Gas durch das Schaufelrad, fängt es an sich zu drehen. Gleichzeitig dreht sich auch die Welle mit. Die Welle führt in den Generator, in dem Strom erzeugt wird, und setzt dort den Magneten zwischen den Spulen in Bewegung. Ein Magnetfeld und Spannung entstehen: Strom kann fließen.

## Ultraschall

Ultraschall ist Schall. Allerdings haben Ultraschallwellen aufgrund ihrer Wellenlänge andere Eigenschaften. Sie sind nicht hörbar und können unsere Körper bis zu unseren Organen durchdringen. Dort werden sie reflektiert. Die Ultraschallwellen können auf einem Monitor sichtbar gemacht werden. Dabei zeigen sie die Lage der Organe an.

## Umwelt

Die Umwelt ist die Umgebung, in der du lebst. Dazu zählen unser Lebensraum, alle darin lebenden Tiere und Pflanzen sowie Eigenschaften wie etwa das Klima. Der Mensch greift in die Umwelt ein, oft schadet er ihr dabei. Er holzt Regenwälder ab, um Weideflächen zu gewinnen. Autoabgase und andere schädliche Stoffe verstärken den Treibhauseffekt. Umweltschutz bedeutet, die Umwelt vor dieser Zerstörung durch den Menschen bestmöglich zu schützen. Wenn du beispielsweise mit dem Rad zur Schule fährst, anstatt mit dem Bus, trägst du schon etwas zum Umweltschutz bei.

## Ventil

Mit einem Ventil kann der Zufluss von Gasen oder Flüssigkeiten geregelt werden. Ein offenes Ventil lässt die Stoffe durch, ein geschlossenes Ventil hält sie zurück. An deinem Fahrradreifen sitzen Ventile. Zum Aufpumpen öffnest du sie. Beim Fahren müssen sie geschlossen sein, damit keine Luft entweichen kann. Ein anderes Beispiel für ein Ventil ist der Wasserhahn. Drehst du an den Reglern oder bewegst du den Hebel, öffnet sich ein Ventil und lässt das Wasser durch.

## Ventilator

Ein Ventilator erzeugt eine Strömung. Er bläst kalte oder warme Luft in eine bestimmte Richtung. Wenn die Blätter seines Laufrades rotieren, verändert sich der sie umgebende Luftdruck. Dadurch wird die Luft von hinten angesaugt und vorne wieder hinausgeblasen. Ventilatoren werden vielseitig eingesetzt: zum Kühlen, zur Belüftung und zum Trocknen. Du findest sie zum Beispiel in Umluftbacköfen, im Föhn oder auch in Klimaanlagen.

## Verbrennung

Die Verbrennung von Stoffen ist eine chemische Reaktion. Dabei wird Energie in Form von Wärme und Licht frei. Mit der Wärme, die bei der Verbrennung von Kohle in einem Kraftwerk entsteht, kann Wasser erwärmt werden. So bildet sich Wasserdampf, der eine Turbine antreiben kann.

## Welle

Am Meer kannst du gut Wellen beobachten, wie sie zu- und wieder abnehmen. In der Luft befinden sich Wellen als Schallwellen, und in Kabeln bewegt sich beispielsweise Licht als elektromagnetische Welle fort. Alle haben eine Gemeinsamkeit: Es sind Schwingungen, die sich abwechselnd hoch und runter bewegen. Den Abstand zwischen den höchsten Stellen beschreibt man als Wellenlänge. Die Anzahl von Schwingungen in einer bestimmten Zeit nennt man Frequenz. In der Mechanik hat das Wort „Welle“ eine andere Bedeutung. Hier ist die Welle ein Bauteil, das Bewegungen überträgt. Es ist eine lange Stange, die sich um sich selbst dreht. Ein Automotor besitzt Wellen. Die Kolben des Zylinders sind an einer Welle befestigt. Bewegen sich die Kolben, dreht sich die Welle. Diese läuft in das Getriebe und von dort bis zu den Rädern.

## Werkstoff

Aus einem Werkstoff wird ein Produkt hergestellt. Metalle sind beispielsweise wichtige Werkstoffe. Einige Werkstoffe müssen erst durch Erhitzen oder andere Verfahren hergestellt werden. Aus Eisen kann Stahl gewonnen werden. Stahl ist wegen seiner Härte einer der meistverwendeten Werkstoffe in der Industrie. Andere Werkstoffe kommen als Rohstoffe direkt aus der Natur. Holz ist ein pflanzlicher und Wolle ein tierischer Rohstoff. Rohstoffe aus dem Boden wie Erdöl oder Gold nennt man Bodenschätze.

## Widerstand

Ein Widerstand ist eine Kraft, die einen Körper in seiner Bewegung behindert. Die Luft und das Wasser bieten einen natürlichen Widerstand. Es gibt aber auch Bauteile, die Widerstände sind. Mit ihnen kann man die Stromstärke begrenzen, Spannung verteilen oder aus Strom Wärme erzeugen, wie zum Beispiel in einer Heizspirale.

## Windenergie

Wind ist bewegte Luft. Schon seit Jahrhunderten nutzen die Menschen die Kraft des Windes als Energiequelle. Damals trieb die Windkraft Segelschiffe und Windmühlen an. Heutzutage treibt Wind unsere Windräder an. Die Rotoren der Windräder fangen die Kraft des Windes ein, wandeln sie in elektrische Energie um und speisen sie ins Stromnetz ein.

## Zylinder

Ein Zylinder ist eine Metallröhre, in der sich Kolben auf und ab bewegen können. In einem Zylinder kann auf eine Flüssigkeit oder ein Gas Druck ausgeübt werden. Dadurch entsteht die Möglichkeit, Bewegung zu erzeugen. Ein Automotor besitzt mehrere Zylinder. Ihre Kolben drücken das Kraftstoff-Luft-Gemisch zusammen: Es entzündet sich und verbrennt sehr schnell unter hohem Druck. Der Druck schiebt die Kolben wieder nach unten. Diese Bewegung wird über eine Welle bis zu den Rädern weitergeleitet.

# Tipps für Eltern, Lehrerinnen und Lehrer

**Liebe Eltern,**
**liebe Lehrerinnen und Lehrer,**

Kinder wachsen in eine technisierte Welt hinein, sie nutzen und benutzen Technik, bedienen sie selbstverständlich. Dieses „Bedienungswissen“ ist eine Schlüsselqualifikation in der heutigen Lebenswelt, reicht allein jedoch nicht aus. Technisches Verständnis entsteht erst, wenn wir den Dingen auf den Grund gehen. **Grundschulwissen Technik und Umwelt** hilft dabei, Kindern Dinge und Vorgänge anschaulich zu erklären. Das Buch will Kinder aber auch anregen, eigenen Fragen nachzugehen und sich selbstständig **Informationen zu beschaffen.**
Das Buch gliedert sich in acht Kapitel. Die Kapitel starten im direkten Lebensumfeld der Kinder und stellen die Technik vor, der Kinder tagtäglich in ihrem Alltag begegnen: angefangen bei Haushaltsgeräten bis hin zu Computer- und Kommunikationstechnik. Das letzte Kapitel widmet sich einem Themenkomplex von besonderer Bedeutung: dem Thema „Energie“. Gerade für Kinder ist es schwierig, den abstrakten Begriff der Energie zu verstehen. Immer mehr Kinder wollen ihr Wissen darüber vertiefen und erweitern.
Die Einteilung des Technikwissens in **Lebensbereiche** bzw. technikübergreifende Gesamtthemen verzahnt **technische Fragen** nicht nur mit der erfahrbaren Umwelt der Kinder, sie kann zu Hause oder im Unterricht auch dazu auffordern, diese immer wieder **im Alltag wahrzunehmen:** Am Bahnhof ließe sich die Frage stellen, wie ein so langer Zug überhaupt zum Stehen kommt.
Anhand der einzelnen Stichwörter kann auch nach dem **Nutzen und den Gefahren eines technischen Fortschritts** gefragt werden, im Kapitel Haus etwa nach den Veränderungen der Technik und deren Auswirkungen auf das Leben der Menschen. Auch die Überlegungen, warum einzelne Erfindungen überhaupt entstanden sind, helfen den Kindern beim Aufbau von technischem Verständnis.
Neben den einzelnen Stichwörtern laden verschiedene Kästen zum Vertiefen des erworbenen Wissens ein: Die orangefarbenen **Schon gewusst?**-Kästen halten erstaunliche Einzelheiten oder erklärende Zusammenhänge bereit. Kinder können dadurch auch dazu angeregt werden, die Antworten auf ihre eignen Fragen selbst als Kasten zu gestalten und in Karteiform oder in einem Heft zu sammeln. Dies gilt auch für die blauen **Deine Forscheraufgabe**-Kästen. Diese Kästen selbst wollen zum Mit- und Selbermachen anregen: Kleine Forscheraufträge und Experimente für zu Hause ermöglichen eine spielerische Auseinandersetzung mit dem jeweiligen Thema. So lassen sich technische Grundprinzipien und Zusammenhänge auf kindgerechte Art und Weise nachvollziehen.
Von besonderer Bedeutung ist auch der Anhang. Die dort zusammengestellten **Fachbegriffe** können im Unterricht konsequent mit einbezogen werden. Sie leisten so einen ganz allgemeinen Beitrag zum Umgang mit einem Glossar.

Die Kinder- und Jugendbuchredaktion
des Dudenverlags

# Register

## A

## B



## C



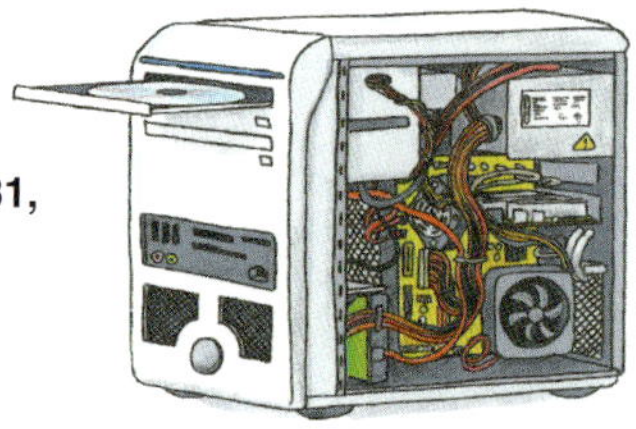

## D



## E



## F

## N



## O



## P



## Q



## R



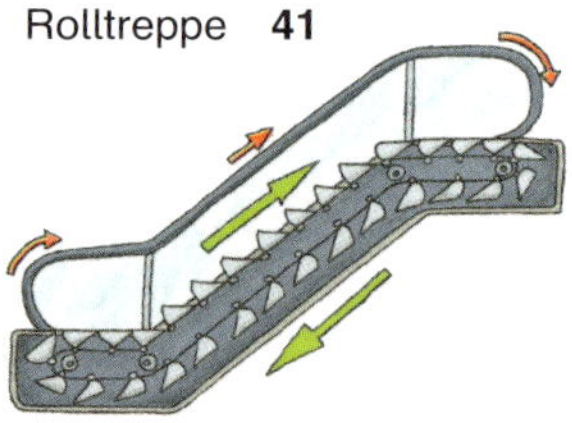



## S

# Bildquellenverzeichnis

Bibliographisches Institut, Mannheim 29 f., 47, 57
Bibliographisches Institut, Mannheim/WZ Media 39
CLAAS KGaA mbH 85
© CORBIS/Royalty-Free 58, 74
DB Archiv/Jürgen Brefort 66
DB Archiv/Günter Jazbec 67
DB Archiv/Mantel 59, 65
DB AG/Jürgen Hörstel 65
John Deere Deutschland, Mannheim 82, 84
Deutsche Rettungsflugwacht e.V., Filderstadt 71, 75
Deutsche Telekom, Bonn 29
DFS Deutsche Flugsicherung GmbH 80 f.
EDER GmbH 91
© Ahileos – Fotolia.com 48
© alessandro – Fotolia.com 56
© Andreas F. – Fotolia.com 94
© Andrey Sheldunov – Fotolia.com 8
© BlueOrange Studio – Fotolia.com 16
© Marco Borchardt – Fotolia.com 89
© Franck Boston – Fotolia.com 39
© Delphimages – Fotolia.com 33, 41
© dieter76 – Fotolia.com 89
© diffraction – Fotolia.com 40
© djama – Fotolia.com 21, 26
© Dron-Foto – Fotolia.com 27
© Christa Eder – Fotolia.com 99
© Elnur – Fotolia.com 9, 19
© Jürgen Fälchle – Fotolia.com 37
© Anne Katrin Figge – Fotolia.com 8
© Christine Gerhardt – Fotolia.com 101
© Carina Hansen – Fotolia.com 104
© Andreas Imhof – Fotolia.com 79
© M.Jenkins – Fotolia.com 21 f.
© Kaubo – Fotolia.com 92
© Stefan Körber – Fotolia.com 33, 43
© Gernot Krautberger – Fotolia.com 83, 86
© Kuruan – Fotolia.com 40
© lexandr – Fotolia.com 70
© Terry Morris – Fotolia.com 22
© Thomas Nattermann – Fotolia.com 42
© P.C. – Fotolia.com 14
© PhotographyByMK – Fotolia.com 37
© Phototom – Fotolia.com 58
© Pixelot – Fotolia.com 10
© Svetlana Romanenkova – Fotolia.com 14
© Gina Sanders – Fotolia.com 17 f.
© Carlos Santa Maria – Fotolia.com 71, 73
© skyfoto – Fotolia.com 59, 68
© Manfred Steinbach – Fotolia.com 69
© Paul Stock – Fotolia.com 102
© Thaut Images – Fotolia.com 62
© Stefan Thiermayer – Fotolia.com 86 f.
© tommyS – Fotolia.com 42
© Anastasia Tsarskaya – Fotolia.com 38
© Unclesam – Fotolia.com 19
© Dmitry Vereshchagin – Fotolia.com 61
© Joachim Wendler – Fotolia.com 15
© Zerbor – Fotolia.com 50
© Yannick Zimmermann – Fotolia.com 57
Fraport AG 70 f., 76–79
Herrenknecht, Tunnelvortriebstechnik, Schwanau 54 f.
© iStockphoto.com 19, 82, 84
Krupp Fördertechnik, Duisburg-Rheinhausen 93, 96
MAN, Augsburg und München 47, 49
MEV Verlag, Augsburg 11, 13, 16, 21, 23, 25, 31 f., 46 f., 51, 58 f., 63, 66, 75, 92, 95 f., 101, 104
Miele & Cie., Gütersloh 9, 12
© panthermedia.net – Carl-Jürgen Bautsch 83, 88
© panthermedia.net – Thorsten Kempe 99
© panthermedia.net – Matthias Krüttgen 105
picture-alliance/DB Voith 103
picture-alliance/dpa, Frankfurt am Main 103
picture-alliance/Rolf Haid 34
picture-alliance/Stephan Rumpf 45
picture-alliance/Zentralbild/Arno Burgi 43
picture-alliance/Zentralbild/Peter Endig 33, 35
picture-alliance/Zentralbild/Martin Schutt 44
© Pitopia/harald 46, 50
shutterstock.com/alphaspirit 20
shutterstock.com/Arogant 93, 97
shutterstock.com/bloomua 25
shutterstock.com/Arthur Bogacki 32
shutterstock.com/Elena Elisseeva 82
shutterstock.com/LuckyPhoto 52
shutterstock.com/Oleksiy Mark 68
shutterstock.com/E.G. Pors 69
shutterstock.com/Rido 20
shutterstock.com/Pablo Scapinachis 73
shutterstock.com/Dmitriy Shironosov 20
shutterstock.com/Tupungato 76
shutterstock.com/VVO 8
Siemens Electrogeräte, München 9 f.
Solar Millennium AG 93, 100
Strabag Ag, Köln 52
B. Strautmann & Söhne GmbH u. Co. KG 90
Volkswagenwerk, Wolfsburg 60
WestfaliaSurge, Oelde 83, 91
Zeppelin Baumaschinen, Garching bei München 48, 53
ZF Friedrichshafen 74